20歳になったら知っておきたい

会計のはなし

編集代表 公認会計士 古田清和
ビジネスアカウンティング研究会 編

はしがき

　日本が自由経済社会である限り、企業の経済活動の結果が、会計報告を通じて公表されるしくみは、なくなりません。このように「会計」は企業活動には必要不可欠なものですが、一方、私たちの個人生活とも密接に結びついているのです。時給が高いアルバイトを選択したり、友人と食事をしたときワリカンにしたりしませんか。このようなとき、私たちは自然と会計的な考え方を利用しているのです。

　会計の基本は「儲け」と「お金」のしくみを知ることですが、「儲け」は収入－支出＝利益と考えればよく、「お金」はキャッシュとして手元に残せば使うことができるものです。会計は簿記からはじまるともいわれ、簿記をいきなり学習するのも一案でしょうが、自分が関心のある事柄から会計的なものの見方を身につけ、理解していくことも普段なじみのない「会計をおもしろく」とらえる一つの方法ではないでしょうか。

　本書は書名にもありますように、会計を学んだことのない学生や社会人のみなさんに身近な話題を会計的に考えてみると、どのようなしくみや「役立ち」があるのかという観点から18項目を選んで書き下ろした「会計のススメ」本です。最初から通読しても、興味のある項目から読み始めても理解できるように工夫してあります。また各項目の最後にまとめた「関連する会計用語」は、相互の関係性や、理解を促進するのに役立つでしょう。巻末の「会計ブックガイド」を参考にしていただけたら会計への理解がより深まると思われます。

　本書を刊行するにあたり、私たちのアイデアを企画の段階から出版にいたるまで多大なご尽力をいただきました、TAC㈱の濱越利典氏、雨宮朋子氏に厚くお礼を申し上げます。

　　　　　　　　　平成24年3月　執筆者を代表して　古田清和

目次

1限目　儲けについて考えよう

1. 儲けとは？ ……………………………………………… 2
2. バイキングとフリーチケット …………………… 14

2限目　損して得とる!?　お金のまわりかた

3. 雑誌の豪華付録のナゾ ……………………………… 24
4. お得な海外旅行のしくみ …………………………… 35
5. なぜ送料無料になるのか …………………………… 44
6. 合コンの割り勘はどんな原理？ ………………… 53
7. 学園祭の模擬店で損をしないために ………… 61

3限目　決めるのは経営者だけではありません

8. 決断とは ………………………………………………… 74
9. アルバイトの選択 …………………………………… 86
10. 量販店・百貨店と出店戦略 ……………………… 94

4限目　あらためてお金について考えよう

11. やっぱりお金 ………………………………………… 106
12. カードのしくみ ……………………………………… 115
13. ポイントとは ………………………………………… 123

Contents

5限目	今日の100円と明日の100円

- ⑭ 回数券から考えるお金と時間との関係 …………… 138
- ⑮ 出世払いってなに？ …………………………………… 148

6限目	儲けやお金のしくみを応用すると

- ⑯ 何を信用して行動するか？ …………………………… 158
- ⑰ 実用性インナーとブランド価値 ……………………… 167
- ⑱ 中流階級はいない？ …………………………………… 178

● 会計用語集 ……………………………………………………… 189

● 20歳のための会計ブックガイド ……………………………… 196

● 20歳のための会計資格ガイド ………………………………… 199
　■ 会計の学習ガイド ………………………………………… 204

1限目

儲けについて考えよう

1 儲けとは？
2 バイキングとフリーチケット

1 儲けとは？

1 儲け・儲けるとはどういうこと

「儲かっていますか？」とか「儲かりまっか？」というのは商売をしている人の間ではよく使われている挨拶です。「まあまあです」や「ぼちぼちです」「あきませんわ！」などとあたりまえのように答えていますが、そもそも「儲ける」とは、いったいどういうことなのでしょうか。

辞書によれば、「儲ける」とは「働いたりお金を動かしたりした結果として、必要経費を差し引いてなお何か有用なものをあとに残す。利益を上げる。」こと、また「儲かる」とは「結果として、儲けた状態になる。利益になる。」（新明解国語辞典）とあり、「儲ける」は結果として「儲かる」につながっていることがわかります。

「儲ける」を考える第一歩として、次の例題を見ていきましょう。

> **例題**
>
> 200円で仕入れた商品に25%の利益を上乗せして販売しました。いくらで売ったのでしょうか。また儲けた金額はいくらになるでしょうか。
>
> **解答**
> 売った値段（販売価格）：250円
> 儲けた金額（利益）：50円

まず、販売価格を求めます。

仕入価格200円を100%（＝1）と考えて、その25%を上乗せするため、合計では125%となります。

$$200円 × (1 + 25\%) = 250円 〈販売価格〉$$

つづいて、儲けた金額は、200円で仕入れて250円で売ったため、

差し引き50円が儲けになります。

　　250円〈販売価格〉－200円〈仕入価格〉＝50円〈利益〉

　ここでは「売り値－仕入れ値＝利益」という式が成り立っており、これが儲けのしくみになっています。

　このような計算は、意識しなくても、皆が持っている感覚であり、直感的に理解できると思います。ここで、どのように儲かっているのかを計算するしくみのことを、会計と捉えることにします。

2　儲けを計算するしくみとお金の関係

　ではもう少し社会に密接な「儲け」の話をしてみましょう。

例題

Xさんは、証券会社の店頭で、ある会社の株を1株200円で1,000株買いました。代金の20万円は現金で支払いました。その後1年ほど様子を見ていたところ、株価が1株220円に上昇しました。そこですべての株を売りました。数日後に売却代金22万円が預金通帳に振り込まれ、現金として受け取ることができました。この場合のXさんの儲けはいくらになるでしょうか。

解答
支払額：200円×1,000株＝20万円
受取額：220円×1,000株＝22万円
儲け：22万円－20万円＝2万円

　実際は証券会社に支払う売買手数料や、儲けに対する税金などがあって、儲けはもっと少なくなりますが、ここでは単純に考えることにします。

　これらの22万円や20万円さらに2万円という数字の意味を考えてみましょう。

　22万円は戻ってきた（回収した）金額であり、20万円は支払った（投資した）金額です。つまり「儲け」とは、いくら使っていくら回収できたか、すなわち、次のような差引計算になっています。

　　儲け＝戻った金額〈回収〉－支払った金額〈支払い・投資〉

この式は「儲けのしくみ」（儲け＝回収－支払）の式といえます。20万円を投資して、22万円の回収をすることができたので、差し引き2万円の「儲け」があったこととなります。

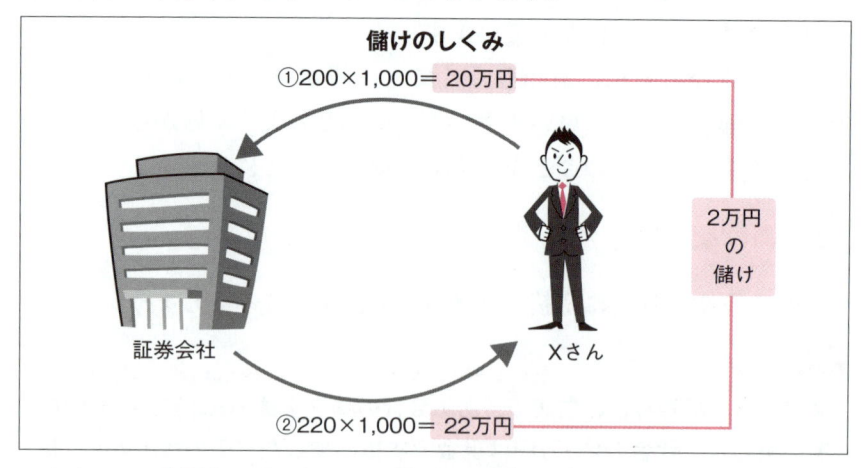

儲けのしくみ

①200×1,000＝ 20万円

②220×1,000＝ 22万円

証券会社　　Xさん

2万円の儲け

　ここで、重要なことは、この儲けが現金で手元に残っていることです。

　たとえば、最初に支払った20万円が親戚のAさんから1年後に返す約束で借りたお金であって、借りるために1年間で5％の利息をあとから支払うことになっているとします。

　支払う利息が1万円（20万円×5％）ですので、合計21万円（20万円＋1万円）を返さなくてはなりません。そうすると手元に残るお金は1万円（22万円－21万円）になってしまいます。

　また、この取引が証券会社を通さない、Yさんとの取引だったとしましょう。Yさんに売ったときに22万円を支払ってくれれば問題はないのですが、2カ月後に22万円を受け取る約束になっているとしましょう。売却してすぐ、Xさんが借りた先に21万円を返そうと思っていても手元にお金がありませんから、儲かっているはずなのにどこからかAさんに返すためのお金を準備（調達）してくる必要があります。

　つまり、儲かっていてかつ、手元にお金が残っていること、さらに返す必要がないお金であることが大事になります。

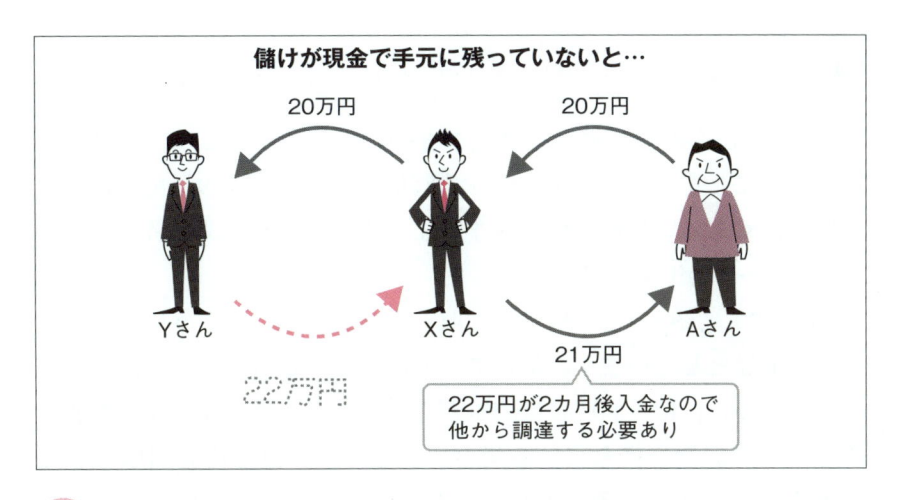

儲けが現金で手元に残っていないと…

Yさん ← 20万円 — Xさん ← 20万円 — Aさん

22万円

Xさん: 22万円が2カ月後入金なので他から調達する必要あり

21万円

3 儲けの計算はいつどのように行うか

　また、このような「儲け」の計算を、取引の前に想定して行うか、取引のあとに結果を確認するために行うかで、「儲け」に関する二つの見方があります。

　事前に行う場合には、我々はどのようにしたら売ることができ、儲けを出すことができるか、取引価格や販売価格を考えます。つまり儲けを出すための予測計算をしています。一種のシミュレーション、心積もりといえます。ただし、結果として売れなければ儲けにならないことはいうまでもありません。事後に行う場合には、取引をした結果、どのくらい儲かったのか、その結果を確認するための計算をします。

　1回の取引で事前に行う計算と事後に行う計算を見ましたが、取引は通常、繰り返されるものですから、事前と事後を別々にするものではなく、一連の流れのなか、取引のサイクルのなかで考えます。実際の実務や学問研究ではこれらをもっと細かく区分していますが、あまり気にせず、大雑把に捉えることにしましょう。

　つまり、取引のサイクルのなかで、我々が持っている感覚が大切だということを知ってください。ある時点で、「儲かっているな」とか「儲かっていないな」など、言い換えれば「損をしているな」と感じることができる感性が大切になります。

4 「儲けのしくみ」は単純か複雑か

「儲けのしくみ」は本来、単純なもののはずです。では、なぜ、複雑になってしまうのでしょうか。それは、企業や個人の活動にはそれを取り巻くあるいは関係するさまざまな人たち（利害関係者・ステークホルダー）がいるからです。

「儲けのしくみの式」（儲け＝回収－支払）で示したように、儲けは回収を前提としています。ここで、回収したいと考えている関係者が複数いる場合には、回収には調整が必要になります。Ｘさんが親戚のＡさんからお金を借りている場合、Ａさんは、21万円を回収できると考えているからこそ、Ｘさんにお金を貸しているといえます。また、Ｘさんは20万円を借りて投資したとしても、投資した金額以上に回収できる予定だから借りているともいえます。つまり、先の例では２万円の「儲け」を、複数の関係者であるＡさんとＸさんが分け合う（分配する）ことになっています。それぞれの取り分が各自にとっての回収額であり、回収額と投資額との差額がその人にとっての「儲け」になります。この場合Ａさんもさんも１万円ですが、誰でも多くの取り分が欲しいと思っているはずです。つまり、関係する当事者の数だけ儲けの計算があり、それぞれの当事者にとって重要なのは自分の取り分であり、元の大きさ（２万円）はさほど重要なことではな

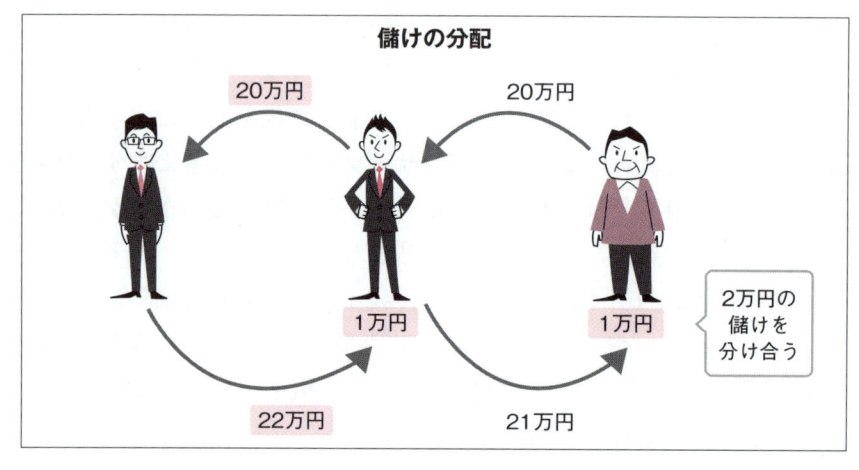

儲けの分配

20万円　20万円

1万円　1万円

22万円　21万円

2万円の儲けを分け合う

いのです。重要なのは、自分の取り分がどのくらいあるか（1万円）ということです。そもそもの儲けの計算は、回収額から投資額を差し引いた単純なものです。ただし、企業の場合には取り巻く利害関係者が多いため、儲けを計算する際に複雑なものになってくるのです。

5 関係者とは

　我々は、個人で生きていくことはできませんし、企業も同様で単独で事業ができるわけでもありません。ここでは、どのような関係者がいるか見てみることにします。

　個人で見ると、親・兄弟姉妹・友人・先輩後輩・先生などが関係してきます。社会人だと、上司・部下・同期・取引先などになります。

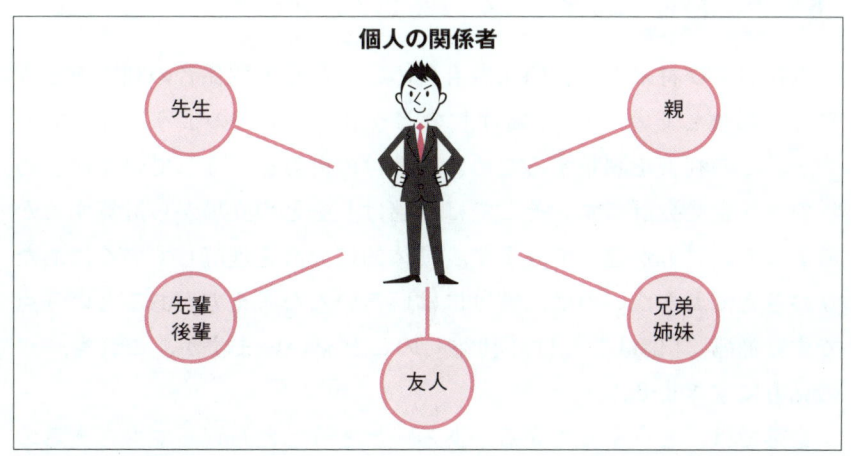

個人の関係者

先生　親　先輩後輩　兄弟姉妹　友人

　企業で見ると、お金を出してくれる人たち（投資家や株主・金融機関など）、消費者などの販売先（企業側から見れば債務者、相手から見れば債権者）、メーカーなどの購入先（企業側から見れば債権者、相手から見れば債務者）、経営者や従業員、さらに行政・地域住民・マスコミなどが考えられます。

　関係者には、現在の関係者だけでなく、将来関係を持ちそうな人も含まれます。企業の場合では、将来株主になる可能性のある人や、広告宣伝を見て商品を購入する可能性のある消費者なども重要な関係者です。

企業の関係者

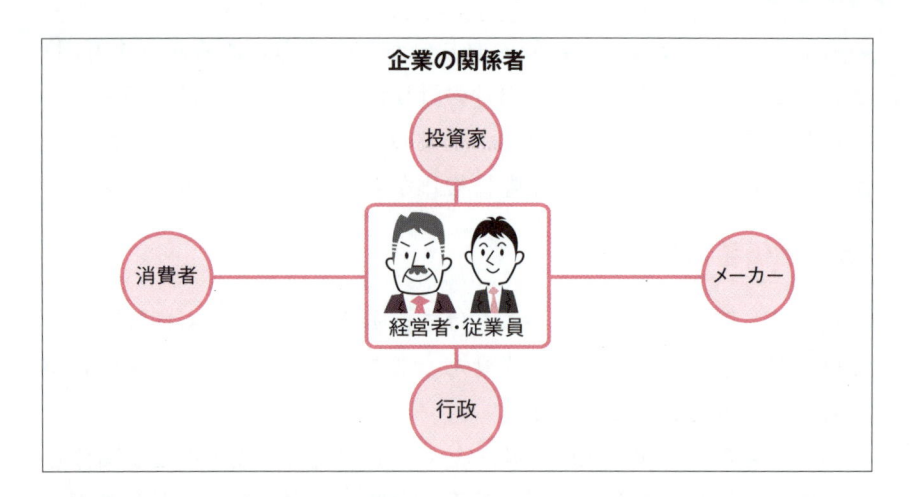

- 投資家
- 消費者
- 経営者・従業員
- メーカー
- 行政

6　企業として儲けのしくみを知ることの意味

　現在および将来の利害関係者も含め、これらの関係者の利害をどうやって調整していくか、「儲け」をどう計算してどのように分けていくか、この利害を調整するために、儲けの計算をどうしていくか決めるのが、企業会計です。そこでは「儲け」をどの立場から計算するかによって、見方が違ってきます。具体的に会計を理解していくにあたりおさえておきたいのは、儲けにはいろいろな考え方があるという点です。通常、「儲け」とは「利益」のことをいいますが、これも一つの見方にすぎません。

　企業では、どうやって売るかあるいはどうしたら買ってもらえるのか事前に考え、儲かるかどうか見極めをしています。つまり「儲けのしくみ」がわかっていなければ、事業を続けていくことはできません。経営者ともなれば特に必要です。

　最近では、低価格化などの環境の変化が激しく、国際化や中国・韓国などの進出で日本の経済力は目に見えて落ちてきているように感じます。就職も厳しいですし、仕事を続けることも簡単ではありません。かつての高度成長時代、さらにバブルの時代では「儲けのしくみ」を知らなくても、作りさえすれば、どんどん売れて、自然と儲っていました。

しかし現代では、「儲けのしくみ」を知って、作り、売らなければ、会社自体が倒産してしまう（潰れてしまう）時代になっています。そこで「儲けのしくみ」に対する意識も変化していて、計算式だけでなく改めてお金の大事さが見直されています。「儲けのしくみ」は経済社会で何らかの活動をしている人にとっては、知っておくべき重要な項目の一つになっています。たとえば、約束を守るとかマナーであるとかコミュニケーションだとか協調性などと同列に会計があると言っていいでしょう。

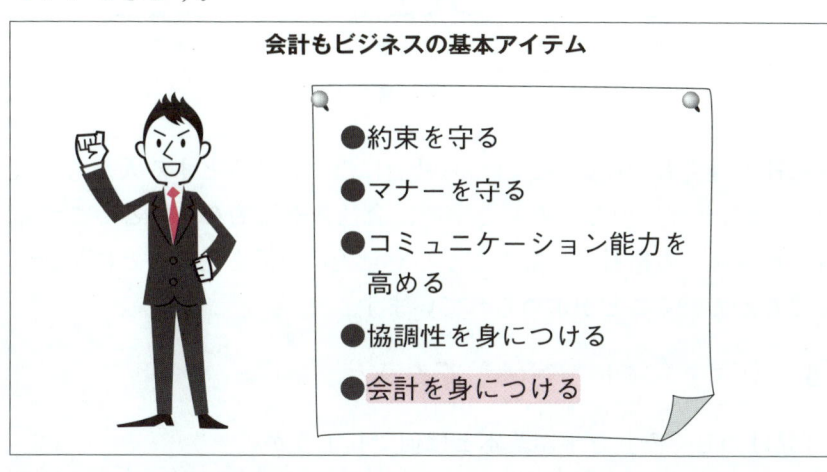

会計もビジネスの基本アイテム

- 約束を守る
- マナーを守る
- コミュニケーション能力を高める
- 協調性を身につける
- 会計を身につける

7　個人としても儲けのしくみを知る意味がある！

　儲けのしくみは、企業だけでなく、個人の問題としても、捉えることができます。現代の日本はもはや、学校を卒業して、安定した企業に就職して、定年まで働いて、という時代ではありません。定年制はあっても定年まで働けるとは限りませんし、年金ももらえる時期や金額に保証はありません。そうすると有意義な生活をするには、月々の収入（お金）がいくら必要であって、支出（お金）がこれくらいかかるだろう、老後に備えて貯金をしておこうなど、お金に関してきちんと考えておく必要があります。そのときに、儲けのしくみを知っていれば、あらかじめ準備もできますし、また、どんな専門的な能力を身につければお金が多く入ってくるか、などを考えることもできるで

しょう。

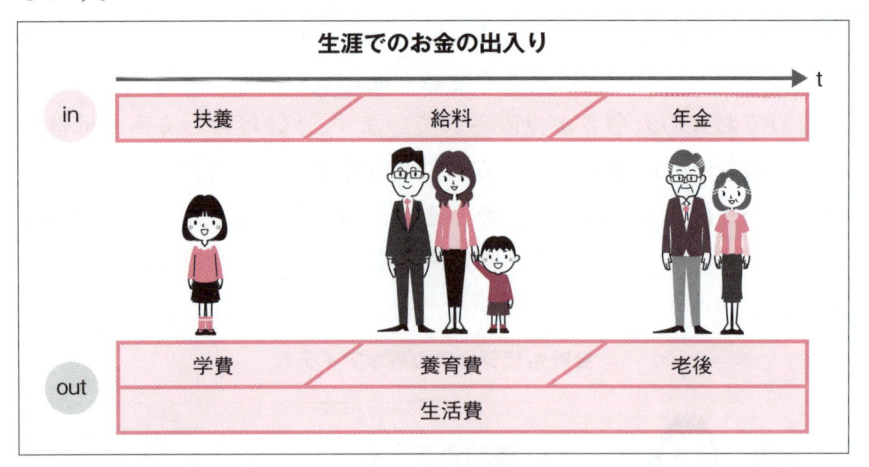

生涯でのお金の出入り

in：扶養／給料／年金
out：学費／養育費／老後
生活費

　会社の経営者や社員、これから社会に出て行こうとする人たち一人ひとりが、「儲けのしくみ」を学び、会社の継続的な発展とそこから得られる個人の給料・報酬などから有意義な生活を送ることに結びつけて考えていくことが求められています。

8　儲けを意識して行動してみると

　「儲けのしくみ」を学ぶ基本とは何でしょうか。
　それは非常に単純で、「個人の判断・決定・行動が、あるいは会社の判断・決定・行動が、本当に儲けに結びついていくのか」といった疑問や意識が基本になると思います。こうした意識なしに会計をいくら学んでも、それは単に学問を身につけることにすぎません。「儲け」に対する意識が高まってはじめて、その計算を本当に身につけようとする動機づけがはたらくことになります。普段から、こうした意識を常に持っている人はそれほど見当たらないように思います。また、社員が「儲け」を意識しながら働くことが浸透している会社もまだ日本では少ないと思います。就職活動を含め、雇用情勢が厳しい現在でもなお、安定した大企業で働いていれば給料を「もらえる」という感覚があるのかもしれません。
　しかし、現実には、給料も、仕事をしていればもらえる時代ではな

くなっています。「自分はどのくらい稼いでいて、どのぐらい儲けを出し、そのうちの配分としていくら受け取っているのか」。このような視点で、年功序列から業績評価への制度変換が企業で進んできました。一人ひとりが「儲け」を意識せざるを得ない状況になってきているのです。

9 「儲け」を意識する具体的な方法

さて、いくら「儲け」を意識するといっても、「儲け」というひと言だけでは、少し漠然としすぎていて現実にはなかなか意識しづらい面があるかもしれません。

ここで、「儲け」を具体的に意識するポイントを見ていきましょう。それは、お金の動きを「投資」→「運用」→「回収」の段階に分けて考えてみることです。例題で見た株の場合では、証券会社で株を購入するのが「投資」にあたります。次に、株価が上がるかどうかを見極めていて株価が上がって売れば儲かると判断するまでが「運用」です。売却して現金が手元に残るのが「回収」となります。つまり「儲け」とは、使ったお金がどれだけ増えて戻ってきたか、投資をして運用した成果があがり、回収した結果、得した場合です。もちろん、このように常にうまくいくとは限りません。回収額が投資額より少なくなり、損する場合もあります。

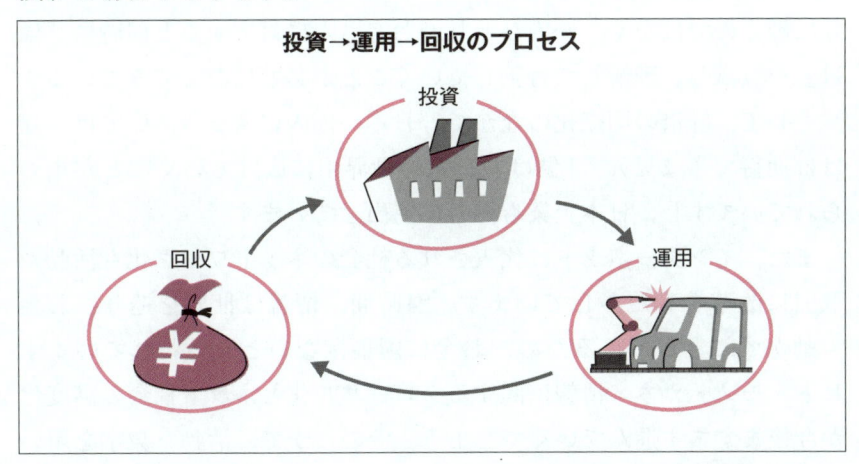

投資→運用→回収のプロセス

投資 → 運用 → 回収 → 投資

このように、「儲け」を意識するには、まず、お金を使うことが投資に結びつくという認識を持つことが必要になります。投資というと、土地や建物などを買うことばかりを想定しがちですが、たとえば、アルバイトを1人雇うのも、パソコン1台買うのも広く投資と考えます。そのうえで、投資に見合った回収（リターン）が得られるかどうかを事前に考え、そのとおりに得られたかどうかを事後に検証するという習慣を身につけることです。

10 「儲かるしくみ」の変化

　なぜ、一人ひとりが「儲け」を意識しなければならない状況になってきたのでしょうか。それは、高度成長期やバブルの時代とは市場や販売のシステムが変化してきているからです。作れば売れるという大量生産大量消費の時代では、「儲け」を意識するよりも、いかに作って売るかを意識していました。しかし今では、人々の好みや嗜好が多様化し、製品の少量多品種化やサービスの多様化と流行の短期化の時代へと変わってきています。さらに、国際化・規制緩和・技術革新（IT化）により、市場が成熟し、変化のスピードが速くなっています。そのため、現代の市場や販売システムについて、消費の現場で客と直接向き合う人たちが、客のニーズに合わせた個別的具体的な対応をすることが必要になってきています。できあがったシナリオどおりに働くのではなく、一人ひとりがお客さんに対応すると同時に「儲け」を意識し、理解して行動していくことが必要になってきています。

　そして、経済の国際化のなかで、日本の国内に留まっていては、儲けは期待できません。「儲け」を求め世界中に広げていくことが求められていますし、日本企業も海外に進出しています。

　また、インターネットに代表される社会のネットワーク化も活動や取引に改革をもたらしています。24時間、情報は世界を巡り、お金も動かすことができるため、お金に国境はないともいわれています。ヒト・モノ・カネ・情報に関するグローバル化とネット社会の高度化が今後ますます進んでいくでしょう。そのなかで、活動を数字を用い

て（お金の面から）表現する会計の重要性はますます高まってきています。

一人ひとりが儲けのしくみを考える時代

いかにして作って売るか　→　儲けを意識

作れば売れる時代　　　　好みの多様化
　　　　　　　　　　　　製品の少量多品種化の時代

関連する会計用語

会計　収益－費用＝利益　キャッシュ・フロー　現金　有価証券
有価証券売却益　利害関係者　投資　運用　調達　回収　株主　債権者
債務者　ＩＴ化　国際化　借入金　支払利息

1限目　儲けについて考えよう

2 バイキングとフリーチケット

1 バイキングは儲かる？

「ランチ大人1人1,980円で食べ放題」。最近、このようなバイキングやビュッフェ形式のお店が人気を集めています。カニやステーキといった普段気軽に食べることのできない料理からデザートまで、リーズナブルな金額でお腹いっぱい食べられるため、大満足間違いなしですが、「バイキングをやっているお店は儲かっているのだろうか？」と、お店に行ったことがある人なら誰もが一度は疑問に思うのではないでしょうか。

客にとってお得であれば、お店側にとっては損になるというのが普通の考え方だと思いますが、実はバイキングというのはお店にとってもお得な（利益が出る）しくみになっているのです。

ではいったいどうやってお店側は儲けているのでしょう。それを考える前に、儲けがどうやって生まれるのかを考えてみましょう。

2 儲けの算式

一般的に儲け（利益）は以下の式で考えます。

　儲け（利益）＝客1人あたりの利益×客の数

例題

お客さん1人あたりの利益が500円で50人の客が入ったレストランの儲けはいくらになるでしょうか。

解答
儲け：500円×50人＝25,000円

バイキングなどの飲食業の場合では客1人あたりの利益はさらに分

解され、次のように考えます。

　　客1人あたりの利益＝売上－原価

　売上とは、客から受け取ったお金、原価とは、飲食業の場合、食材費、人件費、その他経費（賃料や水道光熱費等）から構成されます。

　客の数については単純に1人2人と考えるのではなく、以下のように捉えます。

　　客の数＝新規の客の数＋リピーターの数

　このように儲けるためのしくみを各要素に分解し、それぞれについて考えていくと、なぜバイキング形式でお店側が儲けられるのかが見えてきます。

　それぞれの要素ごとに、バイキング形式ではどうなっているのか、儲かるしくみを考えていきましょう。

❸ バイキングの儲かるしくみ①—売上

　まずは売上について見ていきましょう。お店の形式によって異なるところはありますが、飲食店の1人あたりの売上は通常1,000円ぐらいだといわれています。それに対してバイキング形式のお店であれば食事だけで大体2,000円から3,000円ぐらいの価格設定とすることができます。さらにドリンクがプラスされれば、それだけ売上が増えることになります。

　「売上がいくら増えたって、客にたくさん食べられてしまったら、原価が売上を超えてしまって儲け（利益）が出なくなるのではないか」と思うかもしれませんが、この原価を低く抑えることができるのが、バイキング形式のお店が儲けることができる一番の理由なのです。つづいて、原価についても見ていきましょう。

❹ バイキングの儲かるしくみ②—材料仕入れ

　一般的な飲食業の原価の内訳は次のようになっています。

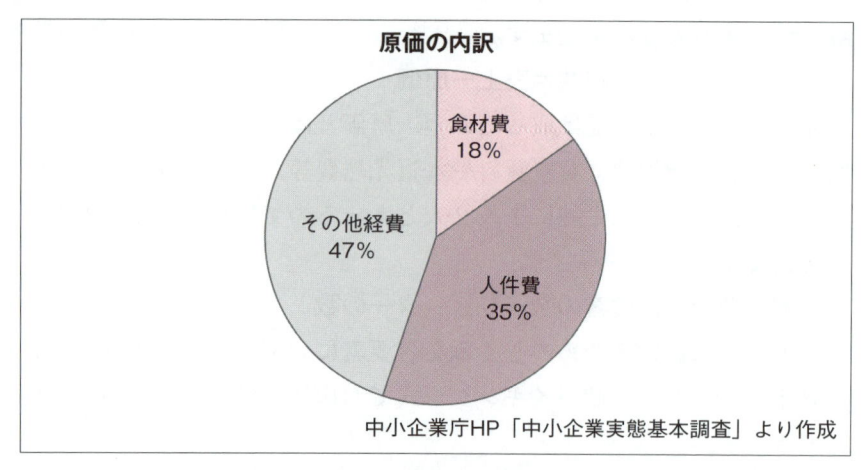

原価の内訳

- 食材費 18%
- 人件費 35%
- その他経費 47%

中小企業庁HP「中小企業実態基本調査」より作成

　この図からわかるように、飲食業の原価は、食材費、人件費、その他経費（賃料や水道光熱費など）に大きく分類することができます。バイキング形式のお店の場合、まず食材費を通常よりかなり低く抑えることができるといわれます。それは次の二つの理由によるものです。

> ① 料理に必要な食材を大量に仕入れるため安く購入することができる。
> ② 食材が余ること（廃棄損）を抑えることができる。

　まず、①についてですが、食材に限った話ではなく、どのようなものでも大量に仕入れることによって安く購入することができます。それは売る側にもメリットがあるからです。

　通常、商品など物を売る場合の原価には、物を売るのに比例して発生する費用（変動費：たとえば原材料費）と、物が売れようが売れなかろうが発生する費用（固定費：たとえば賃料や人件費）が存在します。物の売値はこれらの原価に利益をプラス（付加）して決まるのが一般的で、次のような計算式になります。

　　売値＝原価（変動費＋固定費）×（1＋付加利益率）

　ところが、大量仕入をしてくれるところには少々値引き（売上値引）して売ったとしても、その売値が変動費よりも大きければ、固定費が回収できるため、早くに損失が発生しない売上高を達成すること

ができます。そのために安く売ってもらうことができるのです。このように、会社のなかで費用を区別したり、利益を想定して売値を考えたりするしくみを管理会計といいます。

　一つのメニューを大量に作るバイキング形式の場合、必要な食材も大量に仕入れる必要があります。よって、上記の値引きを受け、安く購入することができるのです。

　また、②についてですが、バイキング形式では飲食業界にとって避けて通ることができないムダな費用（廃棄損）を通常より低い水準にすることが可能となります。

　オーダー形式のお店の場合、客がどのメニューを注文するかある程度予測して、その日の食材の仕入れ量を決定しますが、当然その客の数や注文メニューといった予測は100％当たるわけではありません。もし仕入れの量が少なくて注文したメニューが受けられないと、お店としては売上にならなくなるため、仕入れの量には多少余裕を持たせるのが普通です。しかし、客の数が少ない場合や、注文されるメニューに偏りが出た場合などには一部の食材が余ってしまいます。こういった食材、特に生鮮品などあまり日持ちしないものは翌日になると腐ってしまうため、廃棄されることになります。この食材が廃棄される可能性（リスク）はメニューが多ければ多いほど高くなります。

　一方バイキング形式のお店の場合、オーダー形式のお店にくらべ、一般的にメニュー数が少なく、また少しぐらい食材が足りなくなってメニューが減ったとしても、他の料理を出すことでカバーできるため、食材が廃棄される可能性（リスク）を低くすることができます。

　また、そもそもオーダー形式のお店も含めた飲食業界の食材費の売上に対する割合（原価率）がおおむね2割程度とかなり低いことも、バイキング形式のお店が儲かる理由の一つになっています。

5　バイキングの儲かるしくみ③─人件費

　次に、バイキング形式のお店は原価の分類の一つである、人件費を通常より低く抑えられることについて考えていきたいと思います。

通常のオーダー形式のお店であれば、従業員として、料理を作る人、メニューを出しオーダーを取る人、料理を運ぶ人・かたづける人、食器を洗う人、レジにて料金を精算する人といったように、思った以上に人数が必要となります。これら従業員の人件費が原価に占める割合（人件費率）は意外と大きく（「原価の内訳」の図参照）、お店としては何とか削減できないかと苦労するところです。

　これに対し、バイキング形式のお店は基本的に「セルフサービス」です。これにより、メニューを出してオーダーを取る人、料理を運ぶ人がいませんので、これらの人件費を丸々削ることができます。

　また、1人あたりの料金は一定で決まっていますから、複雑なレジでの精算が不要になります。これなら入りたてのアルバイトでもレジ精算ができるはずですので、教育にかかる費用も抑えることができます。

　さらに、料理を作る人についてですが、オーダー形式のお店ではオーダーを聞いてから料理を作るため、客のオーダーに合わせる必要がありますが、バイキング形式のお店ではあらかじめ大量に料理を作り、それを並べさえすればあとは客が好みのものを自分で取っていってくれるため、客のオーダーに合わせる必要がなく、お店側のペースで料理を作ることができます。これにより料理を作る人を減らすことも可能です。

　他にもオーダー形式のお店にくらべ、バイキング形式のお店は使う食器の種類が少ないため、食器を洗う人を減らすことも可能です。

　このようにバイキング形式のお店はさまざまなところでオーダー形式のお店にくらべて、人件費を削ることができる点も、バイキングが儲かるしくみの大きな一因となっています。

6　バイキングの儲かるしくみ④―客層

　最後に客の数について見ていきますが、やはりここでもバイキング形式のお店が儲かる一因があります。

　先ほども書きましたが「ランチ大人1人1,980円で食べ放題」とい

う宣伝は客からすればインパクトがあります。普段は値段が気になって食べるのに躊躇してしまうようなものも、値段が一定かつリーズナブルで食べたいものを食べたいだけ食べられるとなれば、是非行ってみようと思うでしょう。

このようにバイキング形式のお店は客へのアピールポイントが明確なため、新規の客を獲得しやすいといったメリットがあります。

また、新規の客だけではどうしても客の数が頭打ちになってしまいますので、新規の客の獲得と同時にリピーターの獲得もしないとお店は儲けることができません。ここでもバイキング形式のお店にはメリットが存在します。

リピーターを獲得するための方法としてはいくつかの方法が考えられます。そのなかでまず考えられるのが、新規でお店に来た客が「次も来たい」と満足させられるかどうかです。この点、バイキング形式のお店はオーダー形式のお店にくらべ、原価面で有利に立っていますので、その分良い食材の料理を出すことが可能になります。さらに、客が好きな料理を選んで食べるので、当然客の満足度も高いものとなるはずです。

また、いつも同じメニューだと「また食べに行こうかな」と客に思ってもらえないでしょう。そのため、どのような形式のお店であっても常に新しいメニューの開発を行う必要がありますが、この新メニューの開発は、人気が出るかどうかもわからない、また人気が出てもどれくらいの人気になるのかわからないといった問題があるため、どのくらい仕入れるか決めることが難しく、リスク（廃棄損）が高いものです。

しかし、バイキング形式であれば、とりあえず仕入れた分でメニューを開発してみて、それをお店に出して客の反応をうかがうことができます。ここで客の反応が良く人気になりそうであればそのメニューを本採用し、反応が悪く人気が出ないようであればそれを不採用にしてしまえば良いのです。

このように低リスクで新メニューを開発し続けることが可能なため、

1限目　儲けについて考えよう

❷ バイキングとフリーチケット

リピーターも獲得しやすいといったメリットも存在します。

　ここまで、儲けの公式の構成要素ごとに、どのようにしてバイキングは儲かるかを見てきました。当然、バイキング形式のデメリットも多数存在しているため、誰でも簡単にバイキング形式のお店を出せば儲けられるというわけではありません。もともと1人あたりの売上が通常にくらべて高く設定されていることが、リピーター獲得の壁となり、なかなか計算どおりにはいかずせっかくお店を出してもすぐに閉店してしまうことがあるのも事実です。しかし、今まであげてきたバイキング形式のメリットを十分理解し、そのメリットを最大限にいかしたお店を経営できるのであればきっとそのお店は儲かるはずです。

7　フリーの意味を考える

　バイキング同様、「これって儲かるの？」と考えてしまうものにテーマパークなどで実施されている「フリーチケット（またはフリーパス）」があります。このフリーチケットもやはり発行側にとって儲かるしくみが存在するため実施されていますので、これについて考えていこうと思います。ここでいうフリーとは、一定の金額を支払えば、その対象となる商品やサービスに対して、追加料金を支払うことがなく、何度も提供を受けることができるしくみであると考えます。フリーチケット以外にも、飲み放題（フリードリンク）というサービスもあります。

　ここでのフリーチケットは、先ほどまで見てきたバイキングと異なり、儲けの公式のなかの「客の数」、それも「リピーターの数」を増やすことに特化したものになると考えられます。ここから先はテーマパークを例にどのようにリピーターの数を増やすことで儲けているのかを考えていきたいと思います。

　テーマパークは客に来てもらわなければ儲けることができません。そのため客が行ってみたいと思うようにいろいろなアトラクションやパレードを企画します。しかし、テーマパークの入場料や乗り物代は、比較的高額な場合が多いため、一度来場した客が次も来ようと考える

際の壁になってしまうことが多いものです。そこでテーマパークは、フリーチケット（たとえば年間パス）を発行して購入してもらい、高額な入場料による壁を克服し集客力を高めることを考えました。これらのチケットの価格は、1回分の価格よりは高いのですが、数回（2回か3回程度）利用することによりお得感が出るようになっています。テーマパークの場合、入場料や乗り物代が2回目以降は無料になったとしても、それ以外の場所、たとえばグッズ売り場やレストランなどの飲食店ではお金がかかりますので、テーマパーク側は無料になっていないところで儲けることができます。この儲けがあるからこそ、テーマパーク側は客にとってお得と思うフリーチケットを実施しているのです。

　この「客にとってお得」と思うフリーチケットの金額を決定するのは非常に難しいものです。高すぎれば客は購入しません。一方、安すぎればせっかく入場料や乗り物代を1回ごとに払ってくれる客から得られるであろう儲けが取れなくなってしまいます。

　具体例で見ていきましょう。

例題
入場料が6,000円のテーマパークに、6人で出かける予定の家族がいました。当日都合が悪くなり、2人が行けなくなりました。この場合、テーマパークが逃がした売上はいくらになりますか。

解答
テーマパークが逃がした売上：
6,000円〈行けなくなった人の入場料〉×2人＝12,000円

そこでテーマパークは、客がお得と思える範囲でできるだけ高い金額を設定することになります。テーマパークごとに入場料が同じでもフリーチケットの金額が異なるのは、テーマパークによって客がお得と思える範囲に違いがあるからなのです。

　なお、フリーチケットとは異なる方法で「リピーターの数」を獲得

する手段として家電量販店などが実施する「ポイント制度」がありますが、これは「❸ポイントとは」で触れていますのでそちらを参照してください。

　これまで見てきたように、バイキングやフリーチケットといった普段の生活のなかで「これってどうやって儲けているのだろう」と考えてしまうものにも、儲けるしくみが存在します。もちろん、これら以外にも、「どうやって儲けているのだろう？」「どうして損をしていないのだろう？」と考えてしまうようなものが普段の生活のなかに存在しています。そういうものに関心が向いた場合には、儲けの算式に当てはめてみて、その構成要素ごとに分けて考えてみることで、儲けのしくみが見えてくるでしょう。

関連する会計用語

利益　売上　原価　廃棄損　変動費　固定費　付加利益率　管理会計
リスク　原価率　人件費　人件費率

2限目

損して得とる!? お金のまわりかた

3　雑誌の豪華付録のナゾ
4　お得な海外旅行のしくみ
5　なぜ送料無料になるのか
6　合コンの割り勘はどんな原理？
7　学園祭の模擬店で損をしないために

③ 雑誌の豪華付録のナゾ

1 雑誌に豪華付録がつくのはなぜ？

　書店やコンビニで雑誌を立ち読みしようとしたら、付録を固定するための紐やビニールで中が見られない…。こんな経験をされたことありませんか。この付録つき雑誌。特に女性ファッション誌では、「あのブランドのものが？」と驚くような付録がつく雑誌も出版されています。付録の内容は、書店やコンビニの本棚の前列に他の雑誌が立てかけられても見えるよう、表紙の上部に写真つきで載せる工夫がされていることはご存知の方もいらっしゃるでしょう。各雑誌の付録を一覧にして本棚に貼ったり、見本を雑誌コーナーに飾ったりする書店や、付録を詳細に説明するブログもあります。今や、雑誌の付録は読者にとって重要なものになっています。普段は購入しない雑誌でも、付録が気になって、つい購入してしまう方も多いでしょう。

多くの付録つき雑誌が売られている

　そもそも雑誌に豪華付録がついているのはなぜなのでしょうか。「こんな豪華な付録をつけて、雑誌出版社は儲かっているの？」と心

配になる方もいらっしゃるかもしれません。では、このしくみを考えていきましょう。

なお、ブランドという言葉はあいまいに使われていますが、ここでは名前としてのブランド（たとえばユニクロ）を「ブランド名」、そのブランドを運営している企業（たとえばファーストリテイリング）を「ブランド企業」と区別して用いることにします。

2　付録を作るお金を出しているのは誰？

付録をつける場合、第一に付録を作らなければ始まりませんが、これにはお金がかかります。では、このお金を出しているのは誰なのか、考えていきましょう。

まず、状況を把握します。登場するのは、①読者②雑誌出版社③ブランド企業の三者です。ブランド企業が雑誌出版社に付録を提供し、雑誌出版社が作った雑誌とセットにして読者に販売します。

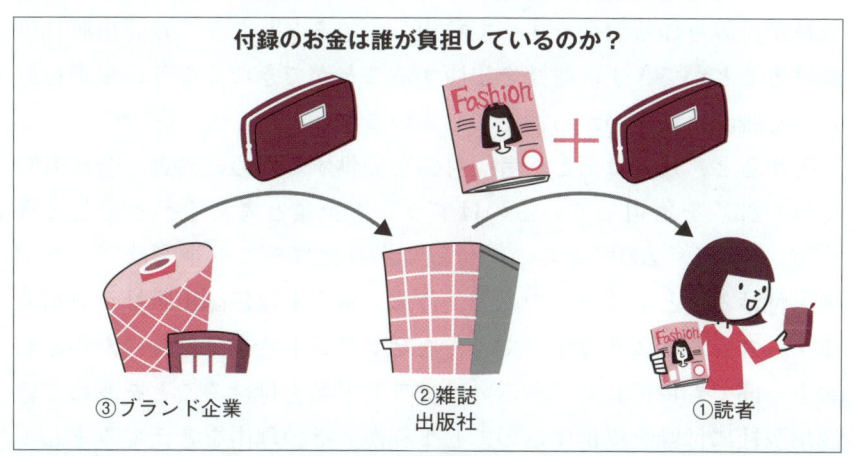

付録のお金は誰が負担しているのか？

③ブランド企業 → ②雑誌出版社 → ①読者

この状況からすると、最終的に付録を手に入れるのは読者になります。では、雑誌と一緒に付録を購入する読者が付録を作るお金もすべて負担しているのでしょうか。付録なしの雑誌と付録つきの雑誌の値段を比べると、100〜200円くらい付録つきの雑誌のほうが高く売られています。この100〜200円くらいが、読者が付録分として出すお金ということなります。しかし、一般的によく知られているブランド

企業のポーチやバッグは、100〜200円では購入できません。読者は付録を作るお金の一部を出しているかもしれませんが、かかったお金全部は負担していないということになりそうです。
　ではやはり、雑誌の付録なのだから、雑誌出版社が付録を作るお金を出しているのでしょうか。この場合、雑誌出版社がブランド企業から付録を仕入れることになり、雑誌出版社の儲けは、次のような計算式で求められます。

　　　儲け＝読者からもらうお金−雑誌を作るお金−付録を提供するお金

　そうすると読者からもらうお金、つまり一般的な女性ファッション誌の値段は高くても1,000円くらいですから、雑誌出版社が付録を提供するのに出せるお金は雑誌を作るのにかかるお金と足して1,000円以下でなければ、雑誌出版社は儲けることができません。しかしブランド企業が単品で売っている商品を見れば、ブランド企業から付録を1,000円以下で仕入れることが困難なのは一目瞭然です。もし雑誌出版社が付録を作るお金をすべて負担しているとしたら、雑誌出版社は儲けることができず、雑誌を出版することができなくなり、豪華付録がつく雑誌は世の中から消えてしまいます。
　とすると、残りはあと一者。付録を提供するためのお金（全部もしくは一部）を負担しているのはブランド企業と考えるべきでしょう。一方、100円〜200円くらいの付録であればブランド企業はブランド名を付けることを認めるのみで、作成するお金は雑誌出版社が負担するケースもあるようです。では、なぜブランド企業は付録にかかるお金を一部でも負担して、あるいはブランド名を付けることを認めて雑誌出版社に付録を提供するのでしょうか。その理由を考えてみましょう。

❸ ブランド企業が雑誌出版社に付録を提供するのはなぜ？

　ブランド企業が雑誌出版社に付録を提供する理由は、それに見合うメリットがあるからです。ではそのメリットを考えてみます。
　まず、雑誌に付録をつけることで、読者に自社の商品を手にとって

もらうことができます。女性ファッション誌の場合は、読者が今まで一度もそのブランド企業の商品を買ったことがなくても、雑誌を購入するとその商品を使うことができます。そこで読者がその商品のデザインや使い勝手を気に入れば、読者は実際にお店に足を運んだり、ブランド企業のホームページをチェックしたりするでしょう。そしてうまくいけば、読者が商品を買ってくれ、それはブランド企業にとっては売上になり、儲けることができます。

　また、読者だけでなく、実際に雑誌を買わなくても、書店で見本雑誌を立ち読みした人、表紙を確認した人にまでブランド名を知ってもらえるかもしれません。ちらっと見ただけでも、偶然お店の前を通りかかったときなどに「あの雑誌の付録のブランド名だ」と気づいて、お店に入ってもらうチャンスもできるのです。

　つまり、「少しでも多くの人にブランド名を知ってもらえ、商品が売れて、儲けることができるかもしれない」。これが付録を提供するブランド企業にとってのメリットです。このメリットを得るために、ブランド企業は雑誌出版社に付録を提供しています。

　このようなメリットをもたらすもの、他にもありませんか。すでにピンときている方もいらっしゃるでしょう。そう、テレビコマーシャルやインターネットのバナー広告といった広告・宣伝です。ブランド企業にとっては、雑誌出版社に付録を提供することも広告・宣伝の戦略の一つなのです。

　女性ファッション誌には広告のページがたくさんあります。近頃は

付録は広告

ブランド企業の商品を雑誌専属モデルが解説してオススメする「一見記事に見えるけれど実は広告」といった広告・宣伝も戦略として増えています。豪華付録もこの延長線上と考えれば、わかりやすいかもしれません。ブランド企業にとっては、雑誌に広告を掲載するお金と付録を提供するお金は同じ意味を持っていると考えることができるのです。

4 広告・宣伝にはどのような効果があるのか？

しかし、広告・宣伝にかかったお金（広告宣伝費）以上に商品が売れて、儲けることができなければ広告・宣伝にお金を使う意味がありません。簡単な例を見てみましょう。

例題

商品を仕入れて販売する商売をしています。200円で仕入れた商品1つを500円で売り、最終的に100個売ることができました。儲けはいくらになりますか。

解答

	商品の売上	50,000円（500円×100個）
－)	商品の仕入れ代	20,000円（200円×100個）
	儲　　け	30,000円

少し儲けを出すことができました。そこで「もっと売って、もっと儲けたい」と考え、思い切って広告・宣伝をすることにしました。

例題

商品を1,000個売ることを目標にし、200,000円かけて広告・宣伝をしました。その結果、目標の1,000個を見事売ることができました。さて、儲けはいくらになりますか。

```
解答
    商品の売上        500,000円（500円×1,000個）
  －）商品の仕入れ代   200,000円（200円×1,000個）
  －）広告・宣伝代     200,000円
    儲　　け         100,000円
```

　今までとは桁が変わるほどの大儲けになりました。しかし、これは計画がうまくいったときのお話。広告・宣伝のメリットは「少しでも多くの人にブランド名を知ってもらえ、商品が売れて、儲けることができるかもしれない」ことです。気をつけなければいけないのは、最後の「できるかもしれない」です。広告・宣伝をしたからといって自分が思ったほどの成果を挙げることができないこともあります。考えていたよりも商品の人気がなく、商品を欲しいという人が少なかったら、広告・宣伝にどんなにお金をかけても売上には繋がりません。

例題

商品を1,000個売ることを目標にし、200,000円かけて広告・宣伝をしましたが、目標の1,000個を達成できず、500個しか売ることができませんでした。さて、儲けはいくらになりますか。

```
解答
    商品の売上        250,000円（500円×500個）
  －）商品の仕入れ代   100,000円（200円×500個）
  －）広告・宣伝代     200,000円
    儲け（損失）     △50,000円
```

　広告・宣伝をしたにもかかわらず、広告・宣伝をする前よりも儲けは少なくなり赤字（損失）になってしまいました。このように広告・宣伝はお金をかければかけるほど、売上が伸びて必ず儲けることができるとは限りません。
　そのためブランド企業は、できるだけ「儲けを増やす効果」を高める広告・宣伝の方法を考えています。具体的にはブランド企業のイ

メージキャラクターに人気のある人を起用する方法が想像しやすいと思います。そして雑誌に付録をつけることも効果を高める方法の一つです。

　子供服のブランド企業が子供やその親をターゲットにしているように、それぞれのブランド企業にはターゲットがあります。テレビコマーシャルだとテレビを見ている人に広告・宣伝することができますが、20代女性をターゲットにしているブランド企業の商品を70代男性に広告・宣伝してしまうことにもなりかねません。それに対して、雑誌の付録ではどうでしょうか。各雑誌にはそれぞれ特徴があり、読者層も異なります。ターゲットに近い読者を持つ雑誌に付録を提供すれば、ターゲットに集中的に広告・宣伝ができるので、「儲けを増やす効果」も高くなります。ダーツでたとえると、テレビコマーシャル戦略では的を見ずに多くの矢を投げまくっているのに対して、雑誌の付録戦略では的を見定めて矢を投げることで、少ない矢で的に当てる確率を高くしているイメージです。

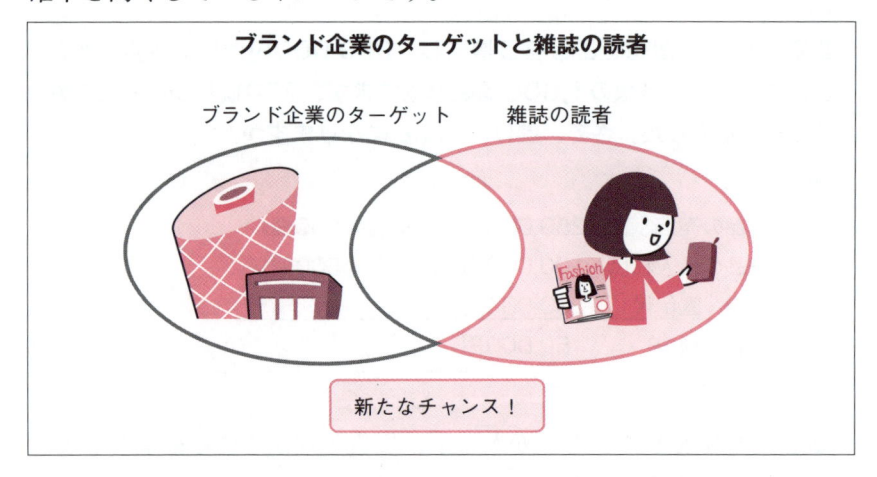

ブランド企業のターゲットと雑誌の読者

ブランド企業のターゲット　　雑誌の読者

新たなチャンス！

5　「広告・宣伝にかけるお金」を抑える大量生産とは？

　またブランド企業としては、同じ効果をあげる方法でも、「広告・宣伝にかけるお金」を少しでも抑える方が儲けは多くなります。そこで雑誌に付録をつけるという広告・宣伝の方法ならば、「付録を作

のにかかるお金」を少なくしようとします。

　雑誌によって異なりますが、雑誌の発行部数は、多いものでは10数万部を超えます。すべての雑誌に付録をつけるのですから、ブランド企業も付録を大量に提供する必要があります。雑誌の付録は大量生産なので一つひとつを安く作れる、つまり「付録を作るのにかかるお金」を少なくすることができます。

　これから簡単な例題で実感してみましょう。

例題

商品を200円で仕入れて、100円の段ボールに梱包した後、500円で販売することにしました。梱包する場所が必要なので、1日10,000円で部屋を借りることにしました。1日で最大1,000個まで梱包することができます。販売しようとしている商品は今とても人気があって、梱包すればするだけ売れます。ところが部屋を借りる当日に寝坊してしまいました。なんとか残りの時間で100個だけ梱包した結果、すべて売ることができました。さて、儲けはいくらになりますか。

解答

商品の売上	50,000円	（500円×100個）
－）商品の仕入れ代	20,000円	（200円×100個）
－）段ボール代	10,000円	（100円×100個）
－）部　屋　代	10,000円	
儲　け	10,000円	

「寝坊さえしなければ、もっとお金を稼ぐことができたのに…」そう反省し、次の日も商品の梱包をしようと決意しました。スマートフォンのアラーム機能とは別に目覚まし時計も2つセットして眠りについたところ…。

例題

目覚まし時計のおかげで、今日は予定どおりに起きることができました。そして集中して商品の梱包を行った結果、1,000個梱包することができました。人気がある商品なので、今日もすべて売ることができました。さて、儲けはいくらになりますか。

解答

商品の売上	500,000円	（500円×1,000個）
－）商品の仕入れ代	200,000円	（200円×1,000個）
－）段ボール代	100,000円	（100円×1,000個）
－）部　屋　代	10,000円	
儲　　け	190,000円	

　昨日よりかなり多く儲けることができました。ただ、今回は全体の儲けだけでなく、商品を販売するために使ったお金に注目してください。100個梱包した場合と1,000個梱包した場合を比較してみます。

100個梱包したとき		1,000個梱包したとき	
商品の仕入れ代	20,000円	商品の仕入れ代	200,000円
段ボール代	10,000円	段ボール代	100,000円
部　屋　代	10,000円	部　屋　代	10,000円
合　　計	40,000円	合　　計	310,000円

　一瞬「あれ？」と思いませんか。100個作るよりも、1,000個作る方が多くのお金がかかっており、「大量生産だから安く作れる」という言葉に当てはまっていません。でもよく考えてみると、多く販売するときには商品も多く仕入れるのだから、商品を販売するために使うお金は多くなるのは当然です。では、商品1個を販売するために使ったお金を比較してみましょう。

100個梱包したとき	1,000個梱包したとき
400円（40,000円÷100個）	310円（310,000円÷1,000個）

　これで先ほどの「あれ？」は解決できるはず。今回の場合、「生産＝商品を梱包すること」と考えてみてください。大量生産した方が商品1個を販売するのに使うお金を少なくすることができました。「大量生産だから安く作れる」という言葉の意味は「大量生産すると1個あたりに使うお金が少なくて済む」ということなのです。

　ではなぜ1個あたりに使うお金が少なくて済んだのでしょうか。その正体は「部屋代」です。梱包する商品の数を増やした分、商品の仕

入れ代や段ボール代も増えました。けれど梱包する商品の数に関係なく、部屋代は1日に10,000円と決まっています。このように商品数量と関係なく必要なお金（固定費）は、生産量を増やせば増やすほど、1個あたりのお金を少なく済ませることができます。

　ブランド企業が雑誌出版社に付録を提供する場合、付録は大量に作ることになるため、付録1個あたりに使うお金が少なくて済みます。つまり、「広告・宣伝にかけるお金」を抑えることができるのです。また、雑誌は発行部数が決まっているので、ブランド企業が提供する付録の数も決まっています。たとえ雑誌が思いどおりに売れなかったとしても、付録は雑誌の広告の一部なので、売れ残った雑誌は雑誌出版社が処分することとなり、ブランド企業まで戻ってくるとは考えにくいと思われます。実際にブランド企業が処分するなら、ブランド企業が処分にかかるお金を負担するのが当然ですが、雑誌の付録の場合にはブランド企業は雑誌や付録の処分にかかるお金について考える必要はないでしょう。これも「広告・宣伝にかけるお金」を抑える方法の一つです。

　広告・宣伝するときは、「広告・宣伝にかけるお金」を最小限に抑えて「儲けを増加させる効果」を高くすることが大切といえそうです。

6 雑誌出版社・読者にもメリットをもたらす豪華付録

　このように、雑誌に付録をつけると多くメリットがあるので、ブランド企業は付録にかかるお金を負担してまで雑誌出版社に付録を提供します。しかし、雑誌の付録はブランド企業だけにメリットをもたらすのでしょうか。

　雑誌出版社にとっても、普段雑誌を購入していないブランド企業のターゲットに雑誌を購入してもらえるチャンスができ、雑誌の販売数を増やすチャンスができます。雑誌出版社にとっては雑誌の販売が売上になり、儲けに繋がるのですからありがたいことです。つまり、雑誌の付録は雑誌出版社にとっても広告・宣伝と同じ効果を得ることができます。

また、普段購入している読者にしてみれば、雑誌に付録がついてくることによってお得な気持ちになれますし、いつもは購入していない人も、単品で買うよりも雑誌とセットで安く購入できる方が購入しがいがあります。今では多くの雑誌に付録がついていますから購入者の雑誌選びの基準にもなり、選ぶときの楽しみも広がっています。

　つまり、雑誌の豪華付録は登場する三者全員にメリットをもたらすからこそ実現したしくみと言えそうです。このような、関係者が相互にメリットをもたらす関係を「勝つ＝Win」という言葉を用いて「Win-Winの関係」といいます。

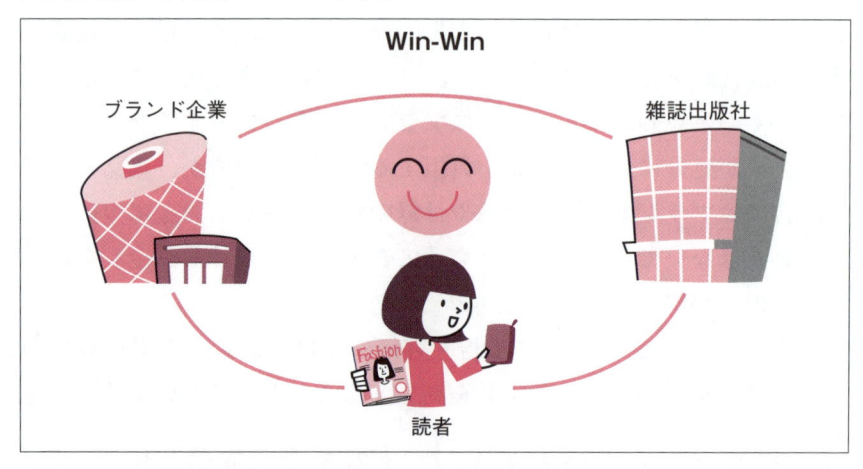

Win-Win

ブランド企業　　　　　　雑誌出版社

読者

関連する会計用語

広告宣伝費　固定費　返品　ブランド　ブランド名　ブランド企業　仕入
単価　宣伝効果

4 お得な海外旅行のしくみ

1 格安航空券とは

　夏休みなどで海外旅行に出かけるとき、旅行会社のパンフレットを取り寄せてみると、オーストラリア50,000円、ハワイ80,000円などといった、一昔前では考えられないような価格で格安チケットが販売されています。なぜこのような価格で販売することができるのでしょうか。

　格安航空券とは「航空会社が個人用に旅行会社に卸している割引料金の航空券」のことであるといわれています。そのため、旅行会社から購入することになり、航空会社から直接購入することはできません。航空会社から直接買える安い航空券もありますが、これは航空会社が独自に料金を設定して割引運賃にしているものです。その他にも航空券にはさまざまな種類があるようですが、ここでは、格安な航空券に絞って考えます。ここでいう格安な航空券には、値段が安い代わりに、搭乗時刻やキャンセル料金などで規制がかかっているという特徴があります。

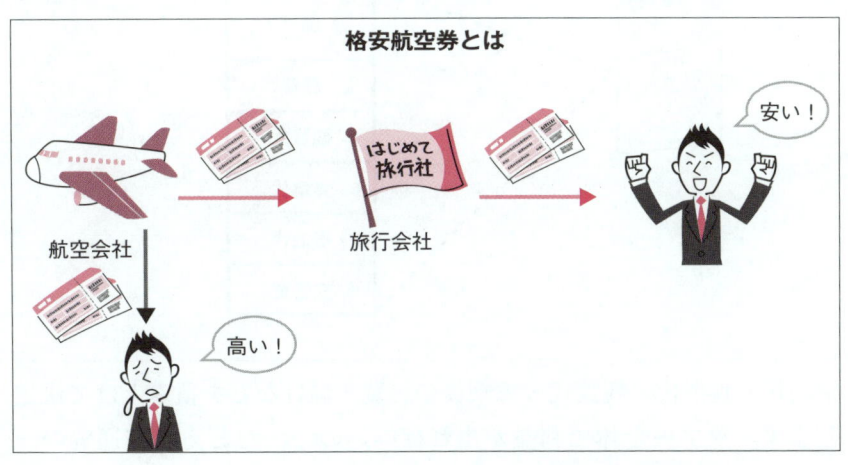

格安航空券とは

航空会社 → 旅行会社（はじめて旅行社）→ 安い！

航空会社 → 高い！

ではなぜ安くできるのか考えていきましょう。

2 旅行会社から格安航空券を考える

　格安航空券が安い最大の理由は旅行会社にとって、便利で都合がよいためです。航空会社の航空券の運賃については通常政府の認可が必要ですが、ツアー用に航空券を旅行会社が販売するようにすると、航空会社に代わって、旅行会社が販売しているので政府の認可は必要ないといわれています。つまり旅行会社で値段を決めることができるので、各旅行会社が値段を競うようになると値段に高低の差が出てきて、その結果、格安な航空券が生まれてくることになります。航空券の通常運賃は航空会社で買っても、どこの旅行会社で買っても値段は同一です（ただし格安チケットショップは除かれます）。しかし、同じ航空券、同じ有効期限でも格安航空券は旅行会社によって値段が違います。それは、格安航空券の値段は、旅行会社が航空会社から購入する値段（卸値）に旅行会社の利益を加えたものになるからです。旅行会社が利益をどれ位にするかによって値段が異なるのです。

　たとえばツアー会社X社で考えます。通常ツアー代金は、交通費・

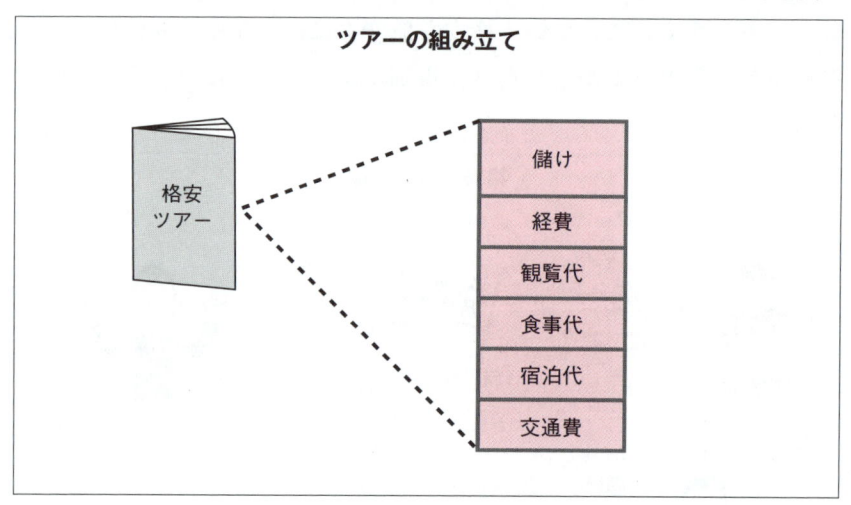

ツアーの組み立て

格安ツアー → 儲け / 経費 / 観覧代 / 食事代 / 宿泊代 / 交通費

宿泊代・食事代・観覧代・添乗員の経費・儲けなどを積み上げて決定します。ツアー全体で利益が出ればいいので、たとえば交通費の一

部である航空券からの利益幅は小さくても、極端にいえば卸値で販売（30,000円で仕入れて30,000円で販売する）しても宿泊料金などからもうけが出ればよいと考えています。それゆえ安いツアーが実現するのです。さらにいえば、卸値を下回って販売（30,000円で仕入れて28,500円で販売する）しても（当然損をしてしまいます）他のところでその金額以上の儲け（少なくとも1,500円以上）が出ればいいのです。

次にネット専売のチケットショップY社を考えます。ネット専売のため人件費もあまりかかりませんし、店の賃料もかかりません。さらに、大量に仕入れて大量に販売するため1枚あたりの利益は少なくてもよく、たとえば30,000円で仕入れて、30,500円で売ることができるのです。

最後にチケットショップZ社を考えます。Z社はツアー会社X社と異なり、航空券だけの商売をしているので、他で儲けるということができません。さらにネット専売と異なり店の賃料もかかりますし、人件費なども考えるとX社やY社のように値段を下げることはできず、30,000円で仕入れた航空券なら32,000円くらいで販売しないと利益が出ないことになります。

つまりこういった販売方法により料金は変動することになります。さらに、時期も関係します。たとえば20席分のツアーを企画して15席しか集まらなかったとき、残りの5席を搭乗日の直前になれば、低価格で売るような場合も考えられます。航空券については、60日や30日などの有効期限、予約条件の変更が出来ないなど、航空会社にとって搭乗客数を確保できる有利な条件が多いので安くできると考えられます。

③ 航空会社から格安航空券を考える

つづいて、航空会社からの理由を見ていきましょう。航空会社にとって、格安航空券を設定する理由は、旅行シーズンではなく、利用者が少ない時期にお客さんが欲しいからです。閑散期には通常料金（通常のノーマルな航空券、いわゆる定価です）ではお客さんが集ま

りません。しかし、飛行機を一回飛ばすためにかかる費用は乗客数が変動してもほとんど変わりません。そこで安い価格で販売してお客さんを集めようとします（固定費の回収）。

逆に、たくさんの人が利用する時期や路線は価格を上げても利用したいという人がいるわけですから、高い価格に設定できます。こういった要因を需給バランスといいます。また、出発の直前で空席があるときは、少しでも収入を増やすためさらに安い価格で販売するケースもあるようです。これらの原理を見てみましょう

4 固定費の回収と損益分岐点

企業の活動に要するコストすなわち費用を、航空機を一回運行させる場合を例にして考えてみましょう。売上は乗客が支払った運賃の合計です。この売上との関連で費用を区分してみると、売上とともに変化する費用（たとえば燃料費：飛行距離が長くなると燃料費が高くなり運賃も高くなります）（変動費）と、売上とは関係なく発生する費用（たとえば乗務員などの人件費：運行するには機体の大きさや客席数によって乗務員の数が決まりますが、乗客が何人になるかは飛び立つまでわかりません）（固定費）とに分けることがあります。その他いろいろな費用が実際は発生しますが、儲けは「売上－変動費－固定費」で表すことができます。ここで売上から変動費を差し引いたものを貢献利益・限界利益と呼んだりします。（「貢献利益＝収益－変動

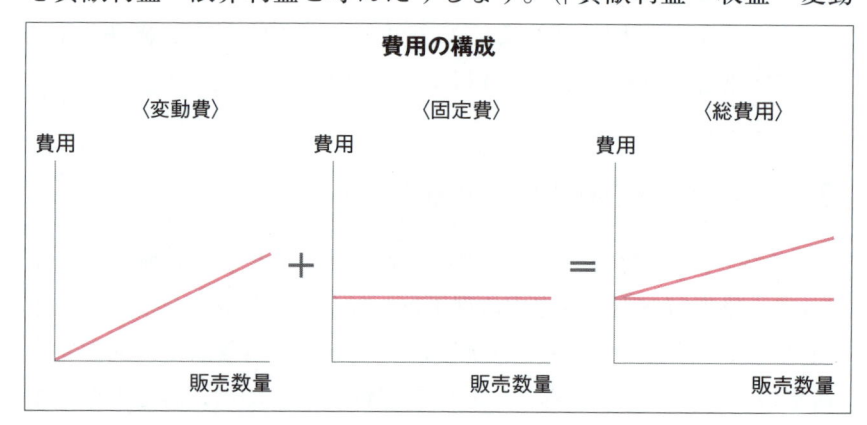

費用の構成

〈変動費〉 ＋ 〈固定費〉 ＝ 〈総費用〉

費」)。

　簡単な例題で考えてみましょう。

> **例題**
>
> 座席数150の航空機があります。1座席あたりの売価は10,000円、変動費が4,000円、固定費の総額が600,000円です。このとき、何席売れれば、かかった費用をすべて回収することができるでしょうか。
>
> **解答**
> まずは固定費を考えずに、変動費のみがかかるとした場合、1座席あたりの利益（貢献利益：限界利益）は6,000円となります。
> 　　10,000円－4,000円＝6,000円
> この6,000円は固定費を考慮する前の金額ですから、1座席を販売するたびに、固定総額600,000円のなかから、6,000円分を負担して、回収していくと考えます。
> そうすると、変動費のみを差し引いた段階の利益と固定費の金額が同じになる100席を販売すれば、全体で損も得もしていない状況となります。
> 　　600,000円÷6,000円＝100席
> この販売数100席を損益分岐点といい、この貢献利益の総額が総固定費に等しいときの売上（1,000,000円）を損益分岐点売上高といいます。固定費の総額を回収し、それ以上を売り上げることができれば得をすることになります。

　以上のような考え方で、商売や取引を見ることができます。ここで、利益が同じ2つの企業を見てみましょう。

A社　売上100万円、費用70万円（変動費50万円、固定費20万円）
　　　利益30万円
B社　売上100万円、費用70万円（変動費20万円、固定費50万円）
　　　利益30万円

　業績だけを比較するとどちらとも30万円の利益を出しているため変わりませんが、利益を獲得する企業の体質は異なります。ここで、先ほど見た損益分岐点売上高を求めてみましょう。損益分岐点では利益が0になりますので、売上高＝変動費＋固定費から、次のようになります。

$$固定費 = 売上高 - 変動費 = 売上高\left(1 - \frac{変動費}{売上高}\right)$$

よって、損益分岐点売上高は次の式で求められます。

$$固定費 \div \left\{1 - 変動費率\left(\frac{変動費}{売上高}\right)\right\} = 損益分岐点売上高$$

ここでA社とB社の損益分岐点売上高を計算してみると

A社　固定費20万円 $\div \left(1 - \frac{50}{100}\right) = 40$万円

B社　固定費50万円 $\div \left(1 - \frac{20}{100}\right) = 62.5$万円

となります。

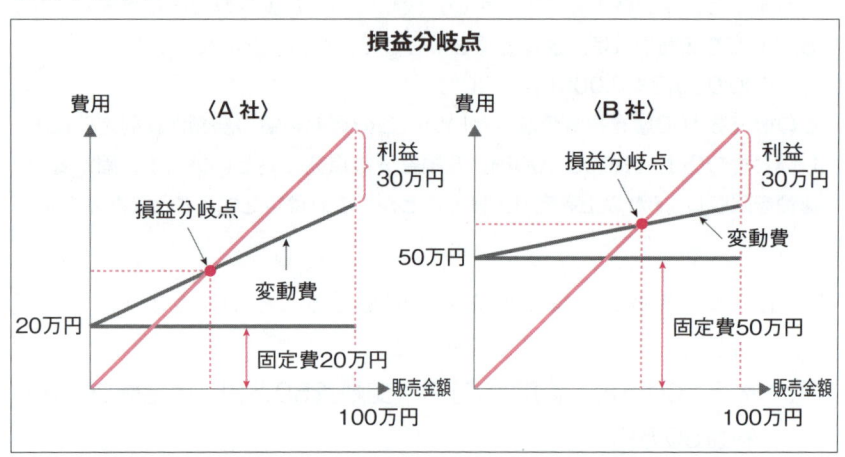

損益分岐点

〈A社〉　固定費20万円、変動費、損益分岐点、利益30万円、販売金額100万円

〈B社〉　固定費50万円、変動費、損益分岐点、利益30万円、販売金額100万円

　つまりA社は売上高が40万円以上あれば利益を獲得することができるのに対して、B社は62.5万円以上の売上高がなければ利益を獲得することができません。このことから、固定費が少ないA社の方が利益を獲得する能力が高いと言えるわけです。
　これを格安チケットに当てはめてみると、定価で販売しても売れなければ、損をするばかりで、それなら安くてもお客さんに乗ってもらい、固定費だけでも回収したいと考えているようです。

航空業界は90年代の規制緩和により競争が激化し、運賃が大幅に低下することにより、何年もの間赤字が続いて来ました。当時の航空業界はなかなか儲からない財務体質になっていて、B社のように、固定費の割合がとても高く、収入が減少するとすぐに赤字に転落してしまう状況でした。そこで、財務体質を改善強化し、利益を獲得できる企業にするため、代表的な固定費である人件費の削減を行い、経営のやり方や生産体制の効率化をはじめとする経営の合理化に取り組んできました。その結果としてA社に近い財務体質になり利益を獲得できる企業になったのです。

　今日では、従来の航空会社の他に、LCC（Low Cost Carrier）と呼ばれる格安航空会社が日本の航空業界に参入してきています。LCCは徹底的に費用を抑えることにより、低価格を実現しています。このLCCの参入により国際競争が激化し国内航空会社のさらなる効率化とサービスの向上が期待されます。

　国内旅行については以上のような格安チケットの考え方で説明がつきますが、海外旅行を格安にできるのは、格安チケットのおかげだけでなく、もう一つの要因が入ってきます。「円高になると海外旅行は安く行ける」ということを聞いたことがありませんか。つまり為替レートの変動が海外旅行の価格設定に大きく関係するのです。

⑤ 為替レートと換算

　現在の企業経営はグローバル化しているため、外国の企業との取引が増加傾向にあります。このとき、円以外の外貨で取引が行われることがあります。外貨取引とは、原則として取引価額が企業の本国通貨（円）と異なる外国通貨、たとえばドルやユーロなどで表示されている取引のことです。

　会計の利益を計算するには、最終的には貨幣通貨を統一する必要があります。もしさまざまな通貨で収益や費用が表示されていたら、企業全体としてどれだけの利益を獲得したのかが全くわからなくなってしまうからです。そこで日本企業の場合は外国通貨を円に統一しま

す。その手続きを為替換算といいます。つまり為替換算とは、すでに外貨で計算・表示されている項目（ドル、ユーロなど）について、自国通貨（円）へと変更、転換することです。この変更する際に使う数値を為替レートといい、これは為替における交換レートのことです。100ドルの売上を日本円に直すにあたり、1ドル85円であれば、8,500円（100ドル×85円）となります。為替レートは日々変動しています。そこで毎日、「1ドル＝80円、○○円の円高です」といった為替レートのニュースを報道しているのです。

為替レートについて、こんな疑問を持ったことはないでしょうか。1ドルが100円から80円になったら20円の円高といいますが、1ドルが100円から80円に下落しているのになぜ円高というのかといったことです。

これは貨幣の価値で考えてみるとわかりやすくなります。

たとえば、1ドルのジュースがあるとします。1ドル＝100円のときは100円で買えますが、1ドル＝80円のときは80円で買えることになります。同じ1ドルのジュースをなぜ安く買うことができたのでしょう。それは円の価値が上昇した、つまり円高となったためです。購入する（円で支払う）場合は円高だと支払いが少なくて済むので、得になるのです。逆に販売する（円で受け取る）場合は円高だと受取額が少なくなってしまうので損になるのです。

⑥ 格安海外旅行のもう一つの理由

航空券と一緒に旅行先のホテルやツアーなどを含んだパック料金で販売される海外旅行は、現地との取引が外貨で行われることが多いため、為替換算が必要となります。このとき、為替レートが円高であれば同じ外貨金額でも円に換算することで安い価格となりますので、円で支払う金額が少なくて済むということです。つまり販売価格も円高のときは安い価格設定が可能となるわけです。

海外旅行では、旅行先の通貨で買い物などをすることから、空港などの銀行で円を外貨に両替します。為替変動の影響を直接感じること

ができるのはこのときでしょう。

　1ドル＝120円のとき10,000円をドルに両替すると10,000÷120＝83.33（ドル）となりますが、1ドル＝80円のときに両替すると10,000÷80＝125（ドル）になります。これだけの差が出てくるのですから、円高のときの海外旅行はやっぱりお得というのが実感できると思います。

　2012年時点での円とドルの為替レートはかなりの水準で歴史的円高と呼ばれています。今後どのように為替相場が変動するかはわかりませんが、海外旅行をお得に（安く）行くためにも、為替レートのしくみを知っておきましょう。

関連する会計用語

変動費　固定費　貢献利益　限界利益　損益分岐点　為替換算　為替レート

5 なぜ送料無料になるのか

　何か欲しいモノがあるとき、直接お店に買いにいくのではなく、通信販売で購入すると、たいていの場合、送料がかかります。しかし、通販最大手のアマゾンでは、この常識が覆され、送料が無料になる場合があるのです。こんなことをしていて、アマゾンは儲けを出せているのでしょうか。

　そのからくりを解き明かす前に、そもそも企業がどのようにして収益を増やしているのか、費用を減らすためにはどのような方法があるのか、から見ていきましょう。

1　収益を増やすための方法

　「やったー、儲けが○○円出たー」とか「あぁ、○○円損しちゃった…」という話を、学園祭での模擬店や地域や学校でのバザーで聞いたことがあるのではないでしょうか。このような損得の話は私たちの日常生活の身近な所に存在しています。

　ところで、儲けである利益は、「利益＝収益－費用」という計算式により算出することができます（利益がマイナスであれば、「損失」といいます）。そして収益とは、企業や個人に入ってくる収入のことをいい、一方、費用とは、収益を得るために対してかかったさまざまな支出をいいます。

　利益を増やすには、利益の計算式を見てわかるように「収益を増やす」あるいは「費用を減らす」ことが必要です。

　まずは「収益を増やす」ための方法として、売上を増やすことを見ていきましょう。商品販売業において、売上は「売上＝販売価格×販売数量」という計算式により算出することができます。

　売上を増やすには、売上の計算式を見てわかるように「販売価格を

上げる」あるいは「販売数量を増やす」ことが必要です。ただ、現在では、プレミアム感があるなど、何か特別な要因がつく場合を除き、よほどのことがない限り、販売価格を上げたり販売数量を増やしたりすることは難しいです。

なぜなら、販売価格と販売数量には、次のような傾向があるからです。

販売価格を安くすれば、買い手は「買いたい！」と思うので販売数量が多くなりますが、販売価格を高くすれば、買い手は「買いたくない！」と思うので販売数量が少なくなります。そのため、実際の商売では販売価格と販売数量のバランスを考える必要があります。

このバランスをどのように考えればよいか、次の例で確認してみましょう。

例題

AさんとBさんは同じ商品を取引先から600円で仕入れました。Aさんが商品を900円で販売すると、1個売れました。Bさんは、商品を800円で販売しました。すると、2個売れました。AさんとBさんの売上と利益、1個あたりの利益はそれぞれいくらになりますか。

解答
Aさんの売上：900円×1個＝900円
　　利益：（900円－600円）×1個＝300円
　　1個あたりの利益：300円÷1個＝300円
Bさんの売上：800円×2個＝1,600円
　　利益：（800円－600円）×2個＝400円
　　1個あたりの利益：400円÷2個＝200円

Aさんの売上は900円となり、利益は300円となりますので、1個あたりの利益は300円となります。

一方、Bさんの売上は1,600円となり、利益は400円となりますので、1個あたりの利益は200円となります。

1個あたりの利益はAさんのほうが大きいですが、最終的な利益の総額はBさんのほうが大きくなります。収益を増やすということを考

2限目　損して得とる!?　お金のまわりかた

5 なぜ送料無料になるのか

える場合には、最終的に、いくらの利益が出るかが重要になります。

② 費用を減らすための方法

　商店街の文房具店や靴屋は、なぜ潰れないのかと思ったことはないでしょうか。いつもがら～んとしていて繁盛しているように見えないし、1日に売れる数量なんてたかが知れています。

　これは、商店街のお店には「小売りの機能」、「卸売りの機能」と「リピーターが存在している」ことが関係しています。

　ここで「小売りの機能」とは、店頭で消費者を相手として仕事をする機能のことをいいます。一方、「卸売りの機能」とは、生産者と小売業者の間に入ってまとまった商品を扱う機能のことをいいます。私たちの目に入るのは、この二つの機能のうち、小売りの機能の部分が多いため、潰れないのか不思議に思ってしまうのです。

　学校の入学時などに購入する学校指定の制服、靴、カバンなど、商店街の文房具店や靴屋は、学校指定店という名の権利を持っているため、卸売りの機能を活かして学校に大量に商品を納入することができます。学校以外でも、病院などにも同様に大量に商品を納入することができています。つまり、毎年購入してくれる固定の顧客（リピーター）を持っています。

　そのため、毎年ある程度、決まった売上が事前に見込めるので、利益を出すには、売上を下回るように費用を適切に管理すればいいのです。

　実際の商売では、商品を販売するにあたっては、その商品を仕入れるための費用や発送費、在庫の保管や管理費用、人件費など、さまざまな費用がかかることになります。このように、収益に対応して、必ず費用が発生することになるので、費用を適切に把握して管理しない限り、どれだけ収益をあげても利益を出すことができません。

　この管理方法の一つとして、費用を「固定費」と「変動費」の二つに分けて考える方法があります。「固定費」とは、売上の変化にかかわらず増減しない費用をいいます。固定費の具体例としては、携帯電

話の毎月の基本料などの定額部分があります。実際の商売では、お店の地代家賃や正社員の給料などがあげられます。一方、「変動費」とは、売上の変化に応じて増減する費用をいいます。変動費の具体例としては、アルバイト代です。勤務時間により増減するので変動費となります。実際の商売では、商品を仕入れるためにかかった費用や発送費などがあげられます。

　先の商店街のお店では、費用のうち固定費と考えられるのは、土地や建物にかかる固定資産税、従業員の給料と店舗の家賃などが考えられます。固定資産税などの税金を減らすことはできませんが、従業員の給料と店舗の家賃を抑えることはできます。

　なぜなら、商店街の文房具店や靴屋は家族経営である場合が多く、従業員の給料は普通の従業員のものよりかなり安くすることができます。さらに店舗は、住居を兼用した自前の物件であることが多く、家賃が発生しないことが多いのです。このように固定費を安く抑えることができます。

　また、費用のうち仕入代金や物流費用は変動費と考えられます。

　得意先である学校や病院から毎年ある程度同じような数量の注文が見込める場合は、この変動費もある程度の金額を事前に見込むことができ安く抑えることができます。このように費用を収益に応じて最小限に抑えることができるので、十分に商売をやっていくことができるのです。

　したがって、1日数件の客（ほとんどが常連さんと思われる）であっても、元々低コストなので、赤字になることはあまりありません。このように、費用のうち削減できる固定費と変動費を収益に応じて適切に管理することが大切となってきます。

３　アマゾンの場合

　では、アマゾンの場合、どのようにして利益を出しているのか、考えてみましょう。

　まず、収益に関して「1個あたりの利益が減っても、販売数量を多

くすることで売上を増やし、利益を大きくすることができる」点を活かせるのが、アマゾンのような通信販売企業です。通信販売企業は、インターネットやテレビショッピング、カタログ販売などで商売をしていますので、百貨店のように売り場面積の制限を受けることなく、一般の商店や百貨店には置かれないあまり人気のない商品も含めて多くの商品を展開することができます。ここで、以下の図を見てみましょう。

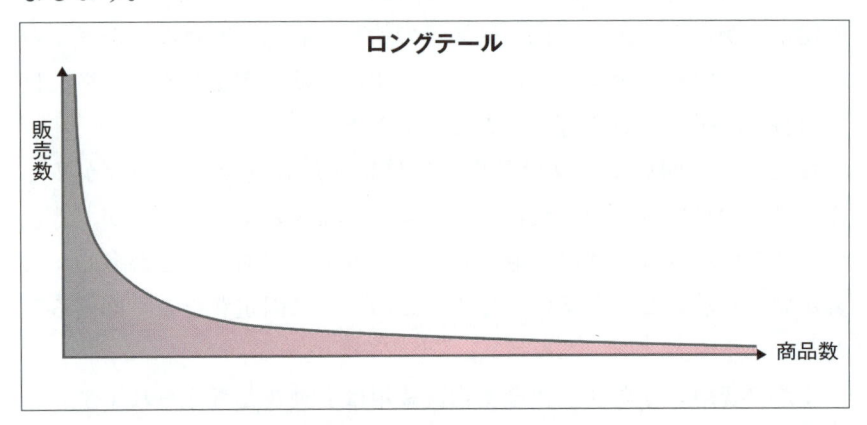

ロングテール

縦軸：販売数　横軸：商品数

　これは、ロングテールと呼ばれる図です。ロングテールとは、売上高順位が下位の多くの品目（グラフのピンク色部分）のことをいい、右に行くほどしっぽが長く伸びているように見えるため、このように呼ばれます。
　まず、人気があり売れ筋の上位の商品（グラフの墨色部分）が数多く売れますので、ここで売上と利益を稼いで儲けることができます。つづいて、ロングテールの部分はそれほど売上が上がりませんので、利益もあまり出ませんが、このように多くは売れない商品でも、あえて揃えておくことにより、品切れをなくすことができます。つまり、ほとんどの商品についてアマゾンならあるという状況を作り出しているのです。このロングテールの売上が可能になることによって、世界中の消費者のニーズに合った注文を受けて販売数量を増やし、売上を伸ばすことができています。
　次に、費用を収益に応じてどのように管理しているのか見ていきま

しょう。

　「費用のうち削減できる固定費と変動費を収益に応じて適切に管理すること」をアマゾンではどのように行っているのでしょうか。その方法を順に見ていきましょう。まず、物流費についてです。

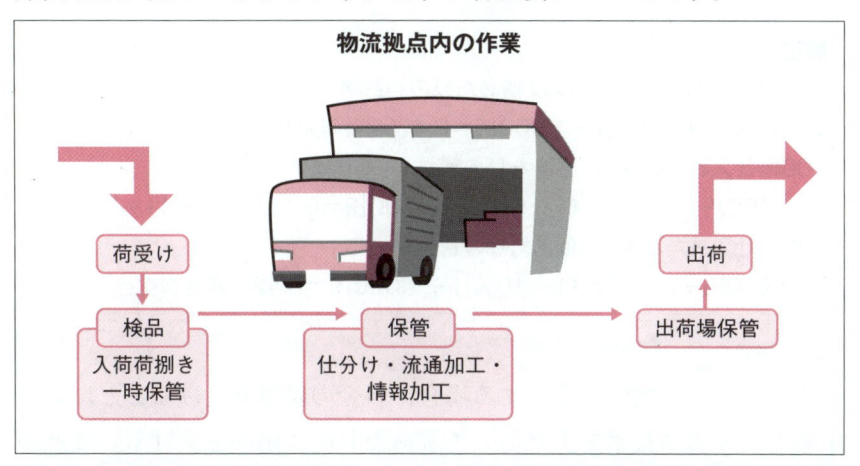

物流拠点内の作業

荷受け → 検品（入荷荷捌き・一時保管） → 保管（仕分け・流通加工・情報加工） → 出荷場保管 → 出荷

　物流費にあたるのは、倉庫賃料や発送費などです。このうち、倉庫賃料は原則として減らすことはできませんが、発送費を減らすことはできます。発送費は、「1個あたりの発送料×個数」で求められるので、販売数量が多くなると、それだけ多くの発送費が発生します。日々、大量の取引があるアマゾンと運送会社は大量に商品を発送することから、1個あたりの発送料を安くしますという契約を結んでいます。発送費を減らすことができているのは、法人契約により値引きされているためです。このような経費削減により、1個あたりの利益率を上げる（1個あたりの原価率を下げる）ことができています。ここで、「原価率」とは売価に対する原価の割合をいいます。「利益率」とは、売価に対する利益の割合をいいます。この点について、次の例で見てみましょう。

例題

1個1,000円で販売している商品（原価400円）について、1個200円の送料がかかっていたところ、運送業者から100個発送するときは

5%安くでき、200個発送するときは10%安くできるとの提案がありました。この場合、99個まで発送するとき、100個発送するとき、200個発送するときの1個あたりの利益率はそれぞれいくらになるでしょうか。

> **解答**
> 99個までの仕入れたときの1個あたりの利益率：
> 1－（400円＋200円）÷1,000円＝0.4（利益率40％）
> 100個仕入れたときの1個あたりの利益率：
> 1－{400円＋200円×（1－5％）}÷1,000円＝0.41（利益率41％）
> 200個仕入れたときの1個あたりの利益率：
> 1－{400円＋200円×（1－10％）}÷1,000円＝0.42（利益率42％）

　このように、大量に発送する場合、料金の優遇を受けることにより1個あたりの利益率を上げる（1個あたりの原価率を下げる）ことができます。
　では、「たくさん仕入れれば、それだけ販売数量が増え、発送費も安くできる。大量に仕入れればいいのではないか」と思うかもしれません。
　しかし、仕入れた商品を保管するのには、お金がかかります。たとえば、商品を保管する倉庫代や倉庫で作業する人の人件費などです。このうち、倉庫代は固定費のうち削減しにくいため減らすことは難しいですが、倉庫で作業する人の人件費は削減できます。
　人件費は、倉庫で働いている正社員の基本給と残業代やアルバイト代などで構成されます。正社員の基本給は毎月、一定額発生する固定費です。正社員であれば解雇をするのにも制約がありますし、賃金についても労働組合との合意などがあるため簡単には削減できませんが、残業代やアルバイト代は残業時間、勤務時間により変化する変動費なので削減できます。
　アマゾンでは、効率と生産性が重視されコンピュータ管理により徹底したコスト管理が行われており、これらを低く抑えることができて

います。

　アマゾンの物流センターでは多くのアルバイト方々が働いています。時間前でも仕事が終われば、その時点でその日の作業は終了します。アマゾンの場合、時期により忙しさが異なるため、倉庫内で必要な人数をアルバイトを活用することで、固定費となりがちな人件費を、物量に応じて変えられるように変動費化しているのです。

　また、コンピュータで収益に応じた最適な在庫状態が保たれ、徹底した低コスト構造により売れたときに利益が出せるような体制になっています。ここで在庫とは、企業が販売するために保有している商品の備蓄をいいます。また、日本の物流は発達しており、特殊な地域を除いて、ほぼ翌日には相手先へ届けることができるため、郊外の安い土地に巨大な倉庫を置いて物流拠点としています。

　つまり、アマゾンの経営は、最大限の収益を生み出し、その収益に応じた最小限の費用となるように、効率のよい体制が実現しているので利益が出るのです。

❹　アマゾンでは、なぜ送料が無料になるのか

　次に、アマゾンではなぜ送料が無料になるのでしょうか。アマゾンが自社で在庫を持って販売するさまざまな商品から、たった１個を選んで買っても配送料が無料になる場合があります。

　普通は、運送業者と法人契約を結んでどれだけ多くの商品を取り扱ったとしても、商品の運送費用が０円になることはありません。

　それでは、なぜ送料が無料になるのでしょうか。それは、以下のアマゾンの考え方が関係しています。

　アマゾンでは、短期的な利益は重視せずに長期的に成功することを目標にしています。顧客に喜んでもらえるサービスを提供し続ければ、成功できるとして、配送料を無料化することによって、アマゾンで買い物をする消費者を増やそうとしています。消費者は自宅にいながら、パソコンやスマートフォンを使って買い物ができ、送料もかかりません。わざわざお店に買い物に行って持ち帰る手間が省けるのです。ア

マゾンが損をする取引が少なからずあっても、アマゾンで買うとお得感があり、インターネットショッピングならアマゾンが便利であるというイメージを消費者に持ってもらうことが可能になります。こういったイメージが定着すれば、頻繁に買い物をするリピーターが増えて、長期的に売上や利益が増えて成功する、という考え方が存在しているのです（参考：日経ビジネスオンライン2010年6月11日号）。

　通信販売である以上、必ず送料のかかるインターネット販売において、「送料無料」というサービスは、消費者にとってはとてもありがたく、インパクトのあるサービスなので、集客効果があり、注文数をアップさせる効果があります。

　1個では赤字の荷物もなかにはあるかもしれませんが、先ほど例題で見たように、1個あたりの利益が減っても販売数量を増やすことで、全体の利益が大きくなるわけですから、送料無料による注文数の大幅増加で得る利益は、アマゾンが送料を負担しても、アマゾンにとって利益があるということです。そのため、このようなサービスを行っても、全体的に見るとアマゾンは十分に利益を上げることができているのです。

関連する会計用語

収益　費用　利益　損失　売上　原価　固定費　変動費　原価率　利益率　費用収益対応　物流費　発送費

6 合コンの割り勘はどんな原理？

1 合コンの割り勘は本当に平等？

　学生や社会人になると、出会いを求めて合コンを企画したり参加したりするような機会が多くなってくると思います。合コンの幹事を引き受けると、雰囲気の良いお店選びや開始時間、メンバーの人数、飲食代などいろいろ考えてセッティングしなければなりませんよね。しかし、苦労してセッティングしても、参加者から文句が出てくるようなことがあります。こうした文句が出てくるのはなぜなのでしょうか。その原因はおそらく、参加費が参加者自身が感じた合コンの価値に見合った支払金額になっていないからではないでしょうか。ここでは、この合コンにかかるお金について見ていくことにしましょう。

　合コンでは、いわゆる割り勘によって支払いを済ませることが一般的です。事前に双方の幹事で打ち合わせ、参加人数で頭割りにした均等額を参加費として支払ってもらうことが多いのでないでしょうか。しかし、お店への支払額が当初の予定よりも多くなってしまうこともあるかもしれません。そうすると、女性の参加者の方は当初の金額を、男性の参加者は少し多く支払うよう計算したりします。こういった計算は一見するとあたりまえのように感じられるかもしれません。ですが、実は会計の世界では、このような計算は必ずしも当然のことではありません。では、この負担関係を、会計の視点から見てみると、どのような計算になるのでしょうか。

2 負担関係とは

　たとえば、4対4の合コンで、ある参加者の男性Aさんは合コンで気の合う相手と出会い、メールアドレスを交換したとします。対して、

別の参加者の男性Bさんは気の合う人を見つけられず、誰ともメールアドレスの交換ができなかったと想定してみます。

　まず、一つ目のケースとして参加者が均等に支払う場合が考えられます。しかし、合コンの目的は単に飲食することではなく、むしろ気の合いそうな人と知り合うことにあるというのが正直なところかと思います。

　そのため、次のケースとして、Aさんが気の合いそうな人をみつけられたので、男性陣が少し多く出そうと言い出す場合もあるでしょう。そのため、この場合Bさんは目的を達成できたとは到底思えないにもかかわらず、支払金額は目的を達成できたAさんと同じになってしまい、Bさんは文句を言いたくなる気持ちになるのも納得できますね。このように、人数だけで割り勘にするというのは不都合もあるということなのです。

　そこで、気の合う人が見つかったAさんがBさんよりも多く負担するというやり方も考えられます。これを受け入れるかどうかはAさんの気持ちしだいでしょうが…。

合コンのイメージ図

3　正確な負担とは

　このように、かかった費用をどう負担するか、これは企業の活動のなかでも日々行われていることです。会計には、経営者が「企業が儲けを得るためにどのような戦略を立てるべきか」ということを考える際に用いる「管理会計」という領域があります。そのなかの原価計算で、「配賦(はいふ)」という金額の負担計算の考え方があり、この計算では、分けることを「按分(あんぶん)」といいます。それでは、合コンの割り勘について配賦の考え方を用いた例題を見てみましょう。

> **例題**
>
> 3対3の男女6名で合コンをしました。男性はAさん、Bさん、Cさん、女性はDさん、Eさん、Fさんとします。お店に払った金額は総額30,000円（うち、6,000円は合コン用個室利用料金）とします。参加者はそれぞれいくらのお金を負担することになるでしょうか。

　この場合、単純に人数による配賦（均等割り）を行うこととすると、次のようになります。

　　30,000円÷6人＝5,000円

　これは最も単純な計算ですね。支払総額を参加した人数を基準にして負担関係を計算する場合（人数基準）です。

　次に、女性のほうの負担額を少なくするとどうなるでしょうか。仮に男性と女性の負担の比率を3：2とします。

　　30,000円÷（3＋2）＝6,000円
　　6,000円×3÷3＝6,000円　〈男性1人あたりの負担金額〉
　　6,000円×2÷3＝4,000円　〈女性1人あたりの負担金額〉

　このように、女性の負担額を少なくすることができました。これらの計算方法は、合コン・飲み会やカラオケを利用される際に比較的多く採用されているのではないでしょうか。

　では、ここで例題に追加条件を設定するとどうなるか見てみましょう。

> **例題**
>
> 追加条件①
> 合コン参加者のなかで、男性のうちCさんは学生でAさんとBさんは社会人、女性のうちDさんとEさんは学生でFさんは社会人とします。

　収入が異なる場合にも上記のような人数基準による配賦計算を行うのは妥当なのでしょうか。管理会計的に考えると、これは必ずしも妥当とは言えません。なぜなら、学生の支払能力と社会人の支払能力とは異なるからです。支払能力に応じて正確にそれぞれの負担すべき金額を計算するほうがより良い分け方になります。このような考え方を管理会計では「負担能力主義」と呼んでいます。では、負担能力主義に基づくと、どのような計算を行うことになるのでしょうか。

　まず、考えられる方法としては、収入額に応じた配賦計算です。社会人全員に同額の収入（1カ月あたり15万円）があり、学生はアルバイトによる収入（1カ月あたり5万円）しかないと仮定します。これに基づき計算すると、

　　30,000円÷（15×3人＋5×3人）＝500円
　　500円×15＝7,500円〈社会人の負担金額〉
　　500円×5＝2,500円〈学生の負担金額〉

となり、支払能力に応じた配賦計算ができていますね。

4　複数の基準を用いた場合の計算

　これまで見てきた計算は、人数や収入といった一つの基準だけを用い、飲食代と個室代と分けずに行った総額を配賦（単一基準配賦法）するというものでした。しかし、さらに条件が追加された場合にはどうなるのでしょうか。先ほどまで見てきた例題にもう一つ条件を加えて見てみましょう。

> **例題**
>
> 追加条件②
> 合コンの結果、AさんはDさんおよびEさんとメールアドレスが交換でき、CさんはFさんとアドレス交換できましたが、Bさんは誰ともアドレス交換ができませんでした。

ここで、状況をまとめた図を見てみましょう。

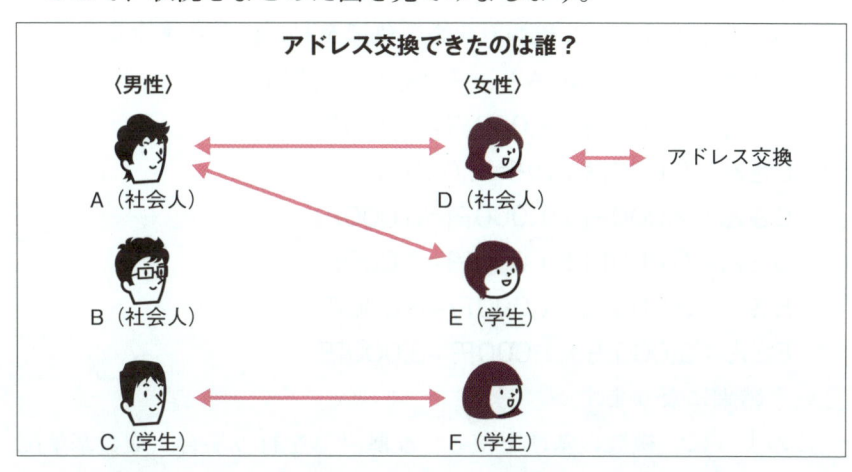

アドレス交換できたのは誰？

〈男性〉　　〈女性〉

A（社会人）　　D（社会人）
B（社会人）　　E（学生）
C（学生）　　　F（学生）

←→ アドレス交換

この図が示すように、Bさんだけメールアドレスの交換ができておらず、他のメンバーと違って合コンの結果に満足できていないのに、満足した人と同じ負担になるのは少し可哀想だと思いませんか。そこで、アドレス交換数も考慮してどのように負担すべきかを考えてみましょう。なお、今までまったく使わなかった「支払総額30,000円のうち、6,000円は合コン用個室利用料金である」という条件をここでは使います。

まず、合コン用個室使用料以外の金額、つまり飲食費になる24,000円については、追加条件①で出てきた計算と同様に配賦を行うので、

24,000円÷（15×3人＋5×3人）＝400円
400円×15＝6,000円〈社会人の負担金額〉
400円×5＝2,000円〈学生の負担金額〉

となります。

次に、合コン用個室使用料については、合コンを開催するためにかかった料金なので、月収に基づく配賦でなく、合コンの成果であるアドレス交換数に基づく配賦を行うことにします。計算してみると、

6,000円÷（2＋0＋1×4）＝1,000円
1,000円×2＝2,000円〈Aさんの負担金額〉
1,000円×0＝0円〈Bさんの負担金額〉
1,000円×1＝1,000円〈Aさん、Bさん以外の参加者の負担金額〉

となり、Bさんは合コン用個室代金の負担がゼロになりますね。
　この計算結果をまとめると、それぞれの負担金額は

Aさん：6,000円＋2,000円＝8,000円
Bさん：6,000円＋0円＝6,000円
Cさん：2,000円＋1,000円＝3,000円
Dさん：6,000円＋1,000円＝7,000円
Eさん：2,000円＋1,000円＝3,000円
Fさん：2,000円＋1,000円＝3,000円

という結果になります。
　このように、複数の基準を使って配賦計算を行う場合（複数基準配賦法）も考えられます。基準を複数使うことによって、一つの基準で計算するよりも、より実態を反映した正確な計算が可能になります。ここでいう実態とは、合コンに参加したことによる満足度を表しているとも考えられます。

5　計算の正確性の限界

　例題に2つの追加条件を設定して計算したものを見てきましたが、現実にはもっといろいろな条件が存在しています。たとえば、飲み物の注文数や会場までの交通費などは人によって異なるものであり、それら無数の条件を織り込んだ正確な計算を追い求めようとすると、とても複雑な計算になってしまいます。合コンなどの割り勘計算では、あまり正確性や厳密な負担関係を計算するのもいかがなものでしょうか。こういう場合は、お金の精算を素早く済ます迅速性や、十数円単

位のお金をやり取りすることがないような簡便性も、無意識のうちに考えている場合も多いと思われます。

　個々人の間では完璧に正確な計算ができるケースはほとんどないと考えられますが、ある程度条件を織り込んだ計算ができれば、皆が納得した支払金額となり、不公平感も解消されることになるでしょう。

6　企業における計算

　個人の間での負担関係や支払能力の考え方や計算は、企業の管理会計にも大変役に立つものです。では、企業ではどのようにこの考え方を採用しているのでしょうか。

　製造業を営む会社を前提にすると、その製造に携わる「部門」は複数に分かれているのが通常です。たとえば、材料をカットする切削部門、製品を組み立てる組立部門、動力を提供する動力部門、製品の検査をする検査部門などがあります。

　このように部門が分かれている場合には、部門ごとに原価を計算します。これを「部門別原価計算」と呼びます。部門別原価計算を行うことにより、製品の製造原価を部門ごとに計算し、どの部門がどれだけのコストをかけているのかがわかります。そして、予定しているよりも多くコストがかかっているような部門については、コストをかけすぎないように原価をコントロールして無駄を省くこと（原価管理）につながります。この部門別原価計算には配賦計算が欠かせません。たとえば、会社全体でかかった電力料金をどのように部門別に分けるか計算する、などです。企業が原価管理を行い、無駄な出費を抑えて「儲け」を効率的に得るために、配賦計算は大切な役割を果たしているのです。

7　会計は「判断」の積み重ね

　これまで見てきたように、合コンの割り勘計算にもいろいろな方法があります。あたりまえのように思える均等割りや例題で取り上げたような計算方法の他にも、さまざまな方法があることでしょう。「一

つの問題には一つの答えしかない」とは考えず、考えられるあらゆる方法のなかから適切なものを選択するという判断の積み重ねが会計では行われています。正確な計算を行うことも大切ですが、それを徹底しようとするとかえって計算が複雑になったり、必要なデータを集めるのにコストがかかりすぎてしまったりすることがあるのです。そうした手間も、企業にとっては省くべき無駄ともいえます。ある程度正確で、面倒くさくない方法を追い求めることが重要です。

関連する会計用語
管理会計　原価計算　配賦　按分　負担能力主義　単一基準配賦法　複数基準配賦法　部門別原価計算　判断

7 学園祭の模擬店で損をしないために

1　学園祭で儲けるか損をするかの二つの視点

　学園祭となると、普段の学校からは想像できないほどの多くの人と模擬店で活気づきます。サークル活動などで学生時代の思い出づくりとして学園祭の雰囲気を中心で味わうべく、「学園祭で模擬店を出店したい！」と考え、出店するからには誰しも「学園祭で儲けたい！」と思うことでしょう。儲けのしくみは、「売上（収益）－原価（費用）＝儲け（利益）」と表すことができ、儲けは差額で考えられるため、売上が原価よりも大きくなれば「儲ける」という目標は達成できることになります。ここで、儲けるためには①売上を多くする②原価を抑えるといった二つの視点が重要であることに気づくことができます。この二つの視点を意識して模擬店を出店できれば損をすることはありません。

> ①売上（収益）↑ －②原価（費用）↓ ＝儲け（利益）↑

　模擬店の活動結果として、結果的に儲けが出ればいいのですが、どんぶり勘定では儲けが出るかを事後的にしか把握できず、結果的に損となってしまうおそれがあります。これは、模擬店で発生する原価にはどのようなものがあるかを事前に把握し、儲けをシミュレーションして管理することによって回避できます。

2　原価の構成と発生の仕方

　儲けのシミュレーションをするにあたり、原価が何で構成され、どのように発生するのかを理解することが必要です。
　原価は営業活動の一連の流れのなかで消費するものをいいます。一

般的に、材料費、人件費、経費といった3つの要素により構成されます。模擬店で発生する原価を構成要素に当てはめてみましょう。模擬店で発生する原価は具体的に、食材費、容器代、道具や機械のレンタル代、模擬店の出店費用などがあります。材料費は文字どおり、商品の素材となる材料を調達する金額をいいますので、食材費や容器代が該当することとなります。人件費（労務費）は、給料など労働サービスへの対価をいいますが、模擬店ではサークル活動としておこなわれるので発生しません。経費は、商品を作ることに関連して発生するすべての原価を示しますので、プロパンガスなどの水道光熱費、調理道具や機械のレンタル代、模擬店の出店費用などが該当します。

	模擬店	社会（企業）
材料費	食材費、容器代など	素材費、梱包資材費など
労務費	−	従業員に対する給料など
経　費	各種レンタル代、出店費用など	賃貸料、水道光熱費、修繕費など

　上記のような原価は発生の仕方によって変動費と固定費に分けることができます。

　社会（企業）で考えられる原価も織り込んで表にすると以下のようになります。

	模擬店	社会（企業）
変動費	食材費、容器代、水道光熱費など	素材費、梱包資材費、水道光熱費、など
固定費	各種レンタル代、出店費用など	賃貸料、修繕費など

　既述したとおり、学園祭では仲間に給料を支払うことを想定していないので、人件費を考えません。一方、会社は、従業員など会社の構成員に対して労働サービスの対価として給料を支払うので、人件費が発生して儲けに影響します。

　多くの会社は、すでに決定している給料を従業員に対して定期的に支払うため、人件費は固定費として把握されます。一方、個人企業でオーナー自らが働く場合、儲けの範囲内で自らの給料を決定するため、給料はあとから計算され、変動的に発生するといえます。

3　商品を企画して決定する

販売する商品は、先に販売価格を決定するのでしょうか。それとも、原価を決定するのでしょうか。これにはいずれの考え方も存在します。「いくらで作るか？」「いくらで売るか？」の2通りの考え方を見てみましょう。いずれも割合の考え方が重要です。なお、話を簡単にするために、変動費と固定費を区別せずに、まとめて原価として説明します。

① 販売価格を基準とする考え方（いくらで作るか？）

販売価格を基準とする考え方は、まず、販売価格を決定してから目標とする原価を決定します。販売価格を1とし、目標とする儲けの割合を0.4とした場合は、差し引きで目標とする原価の割合が0.6と計算できます。

これは、「いくらで売るから、いくらで作る」という考え方であり、算定された原価でいかに商品を作るかが勝負となります。

② 原価を基準とする考え方（いくらで売るか？）

原価を基準とする考え方は、まず、原価を積み上げてから目標とする販売価格を決定します。原価を1とし、目標とする儲けの割合を0.25とした場合は、これを乗じて原価に加えることにより販売価格が1.25と計算できます。

これは、「いくらで作れるので、いくらで売る」という考え方であ

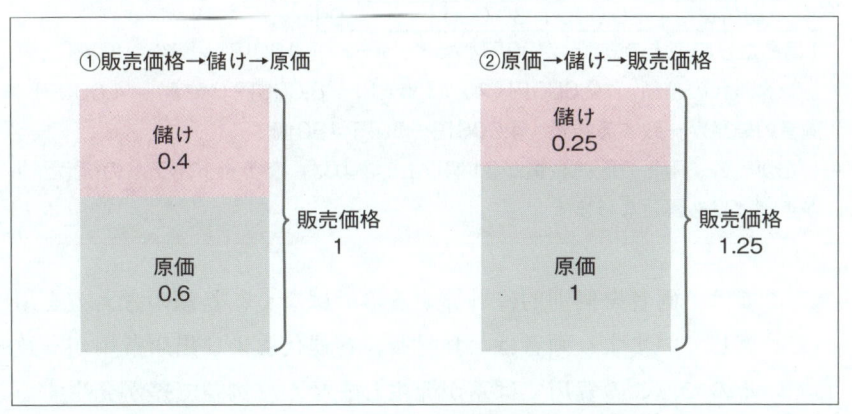

①販売価格→儲け→原価

儲け 0.4
原価 0.6
販売価格 1

②原価→儲け→販売価格

儲け 0.25
原価 1
販売価格 1.25

り、算定された販売価格でいかに売るかが勝負となります。

4 複数の商品を企画して比較したうえで決定

　サークルなどで集まり、商品を企画する際には、さまざまな商品が提案されるものです。そこで、提案された商品のうち、どれが一番儲かるかを検討する必要があります。複数の商品を比較する際には差額の考え方を用いますので、次の例題で検討してみましょう。

> **例題**
>
> 学園祭で、フライドポテトか、かき氷のどちらかを売ろうとしています。ポテトは1個200円で販売し、原価は食材費1個あたり20円、容器代5円、調理道具や機材のレンタル代は12,000円、模擬店の出店費用は30,000円かかります。一方で、かき氷は1個150円で販売し、原価は食材費が1個あたり20円、容器代5円、レンタル代8,000円、出店費用30,000円発生します。両者の結果（利益額）が一致するのは何個販売した場合でしょうか。さらに、それ以上販売した場合、どちらのほうが得でしょうか。
>
> **解答**
>
> | | ポテト | かき氷 | 差額 |
> |---|---|---|---|
> | 販売価格 | 200 | 150 | 50 |
> | 原価 | | | |
> | 　食材費 | 20 | 20 | 0 |
> | 　容器代 | 5 | 5 | 0 |
> | 　レンタル代 | 12,000 | 8,000 | 4,000 |
> | 　出店費用 | 30,000 | 30,000 | 0 |
>
> 1個あたりの売上の差額：200円〈フライドポテト〉－150円〈かき氷〉＝50円
> レンタル代の差額：12,000円〈フライドポテト〉－8,000円〈かき氷〉＝4,000円
> 両者の結果が一致する数量：4,000円÷50円＝80個
> したがって、両者の販売数量が81個以上であれば、フライドポテトのほうがかき氷よりも得となります。

　ここでは、両者を個別的に計算するのではなく、差額の考え方を用いて計算しています。両者は、食材費、容器代および出店費用が一致しているので、この費用では差が発生しません。例題で差が発生する

のは、販売価格とレンタル代です。販売価格はフライドポテトのほうが50円高いので、販売するたびにフライドポテトのほうが50円儲かります。一方、レンタル代はかき氷のほうが4,000円安いので、商品を販売しない状態ではかき氷のほうが得をします。すなわち、フライドポテトを販売すればするほど、かき氷との差額4,000円は縮まっていくことになります。そのため、4,000円を50円で割った数量80個で両者の結果が一致することとなり、81個以上販売するとフライドポテトのほうが得をします。両者とも販売数量81個が達成可能であれば、商品はかき氷ではなくフライドポテトに決定します。

5 模擬店でのリスクを事前に把握し対応する

　模擬店での商品の販売は、天候、食品衛生面、食材の調達の難易度、調理器具の故障などによって影響を受けるため、予想どおりに販売することができない可能性があります。このような可能性のことをリスクといいます。

　模擬店でのリスクを具体的に見てみましょう。気候が雨の場合は、学園祭への来場者が減少します。食品衛生面で問題が発生すると、模擬店を閉めなければなりません。調達が難しい食材を用いる場合、食材の調達に時間がかかることがあり、適時に調達できないことがあります。調理器具が故障すると、商品を調理することができなくなります。いずれのリスクも、発生した場合は、商品を売ることができなくなるので、本来、期待できた売上が達成できないおそれがあります。

　企業活動でも同様のリスクがあるといえます。観光に関連する会社などは雨の場合、客数が減少します。飲食店で食中毒が発生すると、行政から業務停止を受けることになり、営業できない期間が生じます。製造会社が特殊な部品を用いる機械を製造する場合、部品の調達に時間がかかり、材料が不足している間は商品を作ることができません。工場の機械設備が故障すると、商品を作ることができなくなります。このように、企業においても、本来、期待できた売上が達成できないおそれがあります。

模擬店を出店して商品を企画する際には、模擬店や販売する商品にどのようなリスクがあるのかをあらかじめ把握しておき、事前に回避できるリスクにいかに対応しておくかが重要となります。

6　具体的な販売計画を作り、シミュレーションを行う

　実際に販売する商品が決定すると、次は販売計画を決定します。販売計画を決定することによって、模擬店を出店しながら最終的に儲けることができるか否かの感覚をつかむことができます。販売計画を決定するには、学園祭の来場者数、出店日数や商品の調理可能数量などを考える必要があります。もし、過去にも出店した経験があれば、そのときの記録を参考にすることも有効です。では実際に目標を考えてみましょう。

例題

学園祭は3日間行われ、1日の営業時間は5時間と定められています。来場者数は、1日あたり3,000人を見込んでおり、過去の実績から25人に1人は商品を購入してくれると想定できます。商品の調理時間は5分で、機械の大きさから一度に3個作ることが限界です。商品の販売価格および原価は❹の例題と同じとします。以上の情報をもとに、販売計画を作成してみましょう。

解答

		1日目	2日目	3日目	合計
	最低販売数量(個)	80	80	80	240
	目標販売数量(個)	120	120	120	360
					(単位：円)
計画	販売価格	200	200	200	200
	売上	24,000	24,000	24,000	72,000
	原価	17,000	17,000	17,000	51,000
	食材費	2,400	2,400	2,400	7,200
	容器代	600	600	600	1,800
	レンタル代	4,000	4,000	4,000	12,000
	出店費用	10,000	10,000	10,000	30,000
	儲け	7,000	7,000	7,000	21,000

> 最低販売数量：（12,000円＋30,000円）÷｛200円－（20円＋5円）｝＝240個
> 1日の販売数量見込：3,000人×（1人÷25人）＝120個
> 1日の商品生産限度：5時間×60分÷5分×3個＝180個
> 商品生産限度　180個　＞販売数量見込　120個　であるため、
> 1日の売上見込：120個
> 売上：200円×120個＝24,000円
> 1日の発生原価
> 　食材費：20円×120個＝2,400円
> 　容器代　5円×120円＝600円
> 　レンタル代　12,000円÷3日間＝4,000円
> 　出店費用：30,000円÷3日間＝10,000円
> 発生原価合計：2,400円＋600円＋4,000円＋10,000円＝17,000円
> 1日あたりの儲け：24,000円－17,000円＝7,000円

　まず、最低販売数量を計算します。最低販売数量は損をしないための最低限の販売数量をいいます。最低販売数量を計算するためには、商品を何個販売すれば固定費を回収できるかというイメージが重要です。この例題では、模擬店で商品を販売しない場合、固定費42,000円がそのまま損となります。一方、商品を1個販売すると、販売価格から変動費を差し引いた175円分の固定費を回収できます。以上から、固定費を全額回収して損をしないためには、固定費42,000円を175円で割った240個を販売することが必要とわかります。

　次に、販売数量の見込みを計算します。25人のうち1人に販売できると想定しているので、割合は4％と計算できます。1日の来場者数は、3,000人を想定しているので、3,000人の4％である120人が商品を購入してくれると考えることができ、3日間で、最低販売数量を上回るとシミュレーションできます。ここで、120個の商品を実際に生産できるかを計算する必要があります。生産限度の計算は、営業時間中に商品を何個生産できるかを考えます。機械を営業時間中にフル稼働させると考えると、1回あたり5分必要なので、営業時間（5時間

＝300分）を5分で割ることにより、60回機械を動かすことができることがわかります。1回あたり商品を3個調理できるので、60回に3個を乗じることにより、180個生産できることがわかります。商品を180個生産できることから、販売見込数量の120個は達成可能であるとわかります。

　ここまで求めることができれば、あとは儲けの計算を行うことにより、1日あたりの儲け7,000円を算定することができます。

　上記のように販売計画が作成できれば、計画を参考に模擬店の準備、販売活動を行うことになります。

7　実際に模擬店で活動する

　模擬店を出店するためには、まず資金を集め、必要なもの（原材料など）やサービス（機械のレンタル代など）に投資します。サークル活動などでは、資金を会費により集めることとなります。会社でも同様に、資金を株主や銀行から集め、営業活動を行うために必要な投資を行います。

　学園祭が始まると、調達したものをもとに調理をします。客が来ると、商品を渡し、現金を受け取ることによって、売上を上げることができます。会社でも同様に、商品を得意先に受け渡し、現金を受け取った時点で売上を上げることができます。

　上記のような模擬店の準備から商品の販売に至るまでの日々の取引を記録します。

日々の取引の記録

（単位：円）

月　日	適　用	入　金	出　金
○月1日	集金	51,000	
○月3日	出店費用の支払い		30,000
○月9日	機械のレンタル代		12,000
○月12日	容器の調達		1,800
○月13日	食材の調達		7,200
○月14日	1日目の売上	20,000	
○月15日	2日目の売上	10,000	
○月16日	3日目の売上	30,000	

8 儲かったかどうかの結果を報告して、儲けを分配する

　学園祭を終えて、日々の記録をもとに実際に儲かったか否かを計算して仲間に報告します。儲けの計算はすでに❸で説明済みなので、ここでは結果報告のみを示します。

模擬店販売結果報告

		1日目	2日目	3日目	合計
実績	販売数量(個)	100	50	150	300
					(単位：円)
	販売価格	200	200	200	200
	売上	20,000	10,000	30,000	60,000
	原価	16,500	15,250	19,250	51,000
	食材費	2,000	1,000	3,000	6,000
	容器代	500	250	750	1,500
実績	レンタル代	4,000	4,000	4,000	12,000
	出店費用	10,000	10,000	10,000	30,000
	処分費用	0	0	1,500	1,500
	儲け	3,500	－5,250	10,750	9,000
仲間からの集金					51,000
手元のお金					60,000

　このように、結果を仲間に報告することにより、仲間と儲けるための意識を具体的に共有することができます。今回の例をもとに考えてみましょう。

　1日目は出店当初ということもあり、出店準備や調理に時間がかかったことが要因である場合、1日の売上見込120個に届きませんでしたので、そのことをフィードバックし、2日目以降は効率的な模擬店の運営を目標とします。2日目は、天候不良により来場者数が減少してしまったので、3日目の最低販売数量を80個から90個（240個－100個－50個）に見直して、損をしないための販売数量を仲間で共有し、3日目の販売活動につなげることが必要です。その結果、3日間をとおして目標に届かなかったものの、最低販売数量を上回る売上を達成でき、模擬店で儲けることができたと仲間に報告しました。

❼ 学園祭の模擬店で損をしないために

9 最終的な儲けの使い道は？

ところで、先ほどの結果報告では3日目に処分費用が発生しています。これは、模擬店が終了した際に余っている食材と容器代の処分を意味します。余った食材や容器などは、在庫として来年の学園祭まで保管されることはなく、仲間で配分して消費するか廃棄します。このような余った食材や容器なども実際にお金を支払って購入しているものなので、最終的に儲けの計算に入れる必要があります。ここでは、販売計画に従って仕入れた食材と容器がそれぞれ60個（＝360個－300個）余っているので、食材費20円と容器代5円に60個を乗じた1,500円が処分費用となります。以上のように最終的な儲けは9,000円と計算でき、仲間から集めた51,000円部分にマイナスの影響がないため、合計60,000円が手元に残ります。このお金は、サークル活動の打ち上げに使い、仲間と喜びを分かち合うことが多いと思います。その結果、模擬店の財産はゼロになり、活動が終了することになります。

一方、会社は模擬店と異なり、継続的に活動する（継続企業の前提）と考えられているため、会社が解散しない限り、余った財産の全部を株主へ配分することや処分するという考え方をしません。そのため、会社の活動は1年など期間を区切って、その時点での財産の状況について株主へ報告します。また、儲けの計算も同様に期間を区切って計算し、株主に報告します。株主は自らの投資に対するリターンを配当金や株式を売却することにより受け取ります。

10 損をしないためには

損をしないためには、企画段階から儲けのシミュレーションを行い、日々の活動を計画によって管理することが重要です。管理を適切にできていれば、損をする傾向にあることを適時に気づくことができ、計画を変更して新たな目標を持つことにより、事前に損をすることを回避できます（PDCAサイクル）。一方、どんぶり勘定で模擬店の活動を行った場合、損をする傾向にあったとしても気づくことができず、

結果的に損をしてしまいます。

　会社も同様に、損をしないための管理として計画を作っています。計画は定期的に実績と比較され、適時に変更して新たな目標を持つことにより、常に儲けを求めます。この計画は、企画、生産、営業など各部署に存在し、各担当者によって計画どおりに実行できれば会社は儲かるように作られています。営業マンとして働いた場合などに、自分に課せられた計画をこなすことができれば、会社が儲けることに貢献できたことになります。補足ですが、計画を単純にこなすだけでなく、なぜこの製品をこの数量売ることが必要かなどを全社的に考えることができれば、会社の全体的な方向性を見ることができます。

関連する会計用語

材料費　労務費　経費　変動費　固定費　限界利益率　損益分岐点　原価率
利益率　付加利益率　差額原価　埋没原価　リスクマネジメント　売上高
仕入高　利益計画　予算　配当金　継続企業の前提　ＰＤＣＡサイクル

3限目

決めるのは経営者だけではありません

- 8 決断とは
- 9 アルバイトの選択
- 10 量販店・百貨店と出店戦略

8 決断とは

1 日常生活は決断の繰り返し

「決断」と聞いて、どのようなイメージを持たれるでしょうか。人生の分岐点においてどの方向に進むべきかという、自分にとって大変重要な選択を迫られたときに用いる言葉というイメージがあります。ちなみに、辞書によれば「決断」とは「①きっぱりときめること。②善悪・正邪の裁決をすること。」（広辞苑）とあります。やはり、堅苦しいですね。日常生活ではあまり関係のない言葉であるように思えます。しかし、私たちは、日常生活において、知らないうちにこれを繰り返し行っているのです。

自動販売機の前に立ったとき、販売されているさまざまな種類の缶ジュースのなかから、どれか一つを選んで購入しますよね。これも一つの「決断」です。レストランに行って、「パンとライス、どちらになさいますか？」と聞かれ、どちらか一方を選ぶのも同じです。こう聞くと、「決断」が意外に身近なものだと感じることができるのでは

決断は身近なもの

ないでしょうか。

　それでは、この意外に身近な「決断」はどのようにして行われているのでしょうか。これを考えるには、自分が「決断」するのに困ったときを思い出すと良いでしょう。たとえば、大阪から東京ディズニーランドに遊びに行くときに新幹線で行くか、夜行バスで行くかで迷っている場合を考えてみましょう。

交通費と所要時間の比較

	新幹線で行く場合 (大阪～舞浜)	夜行バスで行く場合 (大阪～舞浜)
交通費	14,000円	5,500円
所要時間	約4時間	約10時間

　大阪から東京ディズニーランドの最寄り駅である舞浜駅まで、新幹線を使って行く場合、交通費は14,000円ほどかかりますが、約4時間で行くことができ、夜行バスの場合と比べて随分と短い時間で行くことができます。一方、夜行バスで行く場合、交通費は新幹線の場合の半分以下となっていて、非常に安いコストで行くことができます（上記の表参照）。ここで、どちらの方法を選択するでしょうか。とにかく安いコストで行きたいと思っている方は、時間が多くかかっても夜行バスで行く方法を選択するでしょう。また、夜行バスは移動時間が長く、つらいと考える方は、多少コストがかかっても新幹線で行く方法を選択するでしょう。このように、各選択肢における費用、所要時間等を検討し、次に何を最優先したいかという一定の基準を決め、自分の最優先事項を実現できる方法を選んでいるのです。

2 企業における「決断」

　それでは、企業においてはどうなのか、考えてみましょう。企業も、毎日、企業活動を行っている以上、私たちの日常生活と同じように、さまざまな「決断」を繰り返しています。これを一般的に「意思決定」といいます。たとえば、パンを作っている企業があるとしましょう。そして、現在から4年間にわたって、新たなパンを製造したいと

考えていますが、そのためには新しい製造機械が必要です。ここで、新しい製造機械を入手する方法として、購入する案とリースを行う案があがっており、どちらの案にするのか迷っています。この場合、どのようにして入手方法を選択すればよいのでしょうか。ここで、リースとは機械などの物品を使用者に代わり別の企業が購入して、使用者に一定の利用期間を定めて契約し有料（リース料）で貸し出すビジネスをいいます。

購入案とリース案の比較①

	購入案	リース案
売上金額	200百万円×4年 ＝800百万円	200百万円×4年 ＝800百万円
材料費	100百万円×4年 ＝400百万円	100百万円×4年 ＝400百万円
製造機械 購入金額	50百万円	―
リース費用	―	10百万円×4年 ＝40百万円
その他の費用	50百万円×4年 ＝200百万円	50百万円×4年 ＝200百万円

　一般的な企業は営業して利益を上げるための営利活動を行っており、企業活動を行ううえで、基本的に、より多くの儲けを出していかなければなりません。つまり、企業が「決断」を行ううえで、最優先する事項とは、より多くの儲けを出すことなのです。ここで、儲けとは、「商品を販売することによって得られた金額」から「商品を販売するためにかかった金額」を差し引くことでもとめられます。「商品を販売することによって得られた金額」は、購入案・リース案ともに1年間あたり200百万円であり、4年間では800百万円です。「商品を販売するためにかかった金額」は、購入案の場合、材料費が1年間あたり100百万円で、4年間では400百万円、製造機械購入金額が50百万円、その他の費用が1年間あたり50百万円で、4年間では200百万円となり、合計で650百万円（400百万円＋50百万円＋200百万円）となります。リース案の場合は、材料費100百万円（1年間あたり）×

4年＝400百万円とリース費用の10百万円（1年間あたり）×4年間＝40百万円、そしてその他の費用50百万円（1年間あたり）×4年＝200百万円の合計640百万円となります（「購入案とリース案の比較①」表参照）。ちなみに、購入案の場合、製造機械を購入するためにお金が必要ですが、リース案の場合は製造機械を借りて使用するため、リース費用はかかりますが、購入するためのお金は必要ありません。レンタルショップでCDを借りる際、レンタル費用はかかりますが、CDを購入するわけではないので、CD購入金額がかからないことと同じです。

　それでは、購入案とリース案のどちらの儲けが多かったでしょうか。

購入案とリース案の比較②

	購入案	リース案
商品を販売することによって得られた金額（A）	売上金額 200百万円×4年 ＝800百万円	売上金額 200百万円×4年 ＝800百万円
商品を販売するためにかかった金額（B）	材料費 　100百万円×4年 　＝400百万円 製造機械購入金額 　50百万円 その他の費用 　50百万円×4年 　＝200百万円 　　合計650百万円	材料費 　100百万円×4年 　＝400百万円 リース費用 　10百万円×4年 　＝40百万円 その他の費用 　50百万円×4年 　＝200百万円 　　合計640百万円
儲け（C）＝ （A）－（B）	150百万円	160百万円

　購入案の儲けは150百万円であり、リース案の儲けは160百万円となっています（「購入案とリース案の比較②」表参照）。リース案の儲けのほうが購入案の儲けより10百万円多いので、最終的に企業はリース案を選択する「決断」をすることとなります。

③　使用することによる価値は減る？

　以上の考え方は、4年間で、商品を販売することによって得られた

金額から、商品を販売するためにかかった金額を差し引くことで求めていますので、実際のお金の出入りが多いか少ないかで比較しています。毎年の利益はいくらになるか計算してみると、下の表のように、リース案では毎年40百万円で一定（4年間で160百万円の利益）ですが、購入案の場合、1年目に赤字50百万円、2年目～4年目までは毎年50百万円の利益（4年間で150百万円の利益）になっています。このように儲けが変動するのは、製造機械購入金額の全額を、1年目に販売することによって得られた金額から差し引いていることが原因です。

購入案とリース案の比較③

	購入案1年目	2年目～4年目	リース案
商品を販売することによって得られた金額（A）	売上金額 200百万円	売上金額 200百万円	売上金額 200百万円
商品を販売するためにかかった金額（B）	材料費 　100百万円 製造機械購入金額 　50百万円 その他の費用 　50百万円 合計200百万円	材料費 　100百万円 その他の費用 　50百万円 合計150百万円	材料費 　100百万円 リース費用 　10百万円 その他の費用 　50百万円 合計160百万円
儲け（C）＝ （A）－（B）	0百万円	50万円	40百万円

　そもそも、製造機械は4年間使うものですので購入金額は1年目に出て行きますが、儲けを計算する場合は、購入金額を使用期間の4年間に配分（費用配分）して計算する（減価償却費）ほうが合理的と考えられます。つまり、減価償却費とは、使用することによる価値が減少する分を使用期間に配分して、各期に計上する費用のことです。

　これを、考慮すると毎年の儲けは以下のようになります。

購入案とリース案の比較④

	購入案1年目	リース案
商品を販売することによって得られた金額（A）	売上金額 200百万円	売上金額 200百万円
商品を販売するためにかかった金額（B）	材料費 　100百万円 減価償却費 　12.5百万円 その他の費用 　50百万円 　　合計162.5百万円	材料費 　100百万円 リース費用 　10百万円 その他の費用 　50百万円 　　合計160百万円
儲け（C）＝ （A）－（B）	37.5百万円	40百万円

4 本当に「儲け」だけが大事？

　企業は活動を行ううえで、決断を求められたとき、より多くの儲けが出る案を選択すると、❷において述べてきました。しかし、❷で述べたように、「基本的に」です。企業がさまざまな「決断」を行う際に、必ずしも儲けだけを選択基準とするとは言えないのです。言い換えれば、複数案の選択を迫られたとき、儲けが他案と比較して少ない案を選択する場合があるということです。それは、一体どういうことなのか、例を用いて見ていきたいと思います。

　最近の電気機器は価格競争が激しく、より少ないコストで製品を製造したいと企業は考えています。そのため、日本よりも人件費の安い海外に工場を構え、そこで製造を行う企業が多く存在します。このような状況のなか、液晶デジタルテレビの製造を行うA企業が、今後4年間、海外に工場を構えて製造を行うのか、日本国内で製造を行うのか迷っているとしましょう。

海外と日本の比較

	海外工場で製造する場合	日本国内で製造する場合
売上金額	1,000百万円×4年 ＝4,000百万円	1,000百万円×4年 ＝4,000百万円
材料費	700百万円×4年 ＝2,800百万円	700百万円×4年 ＝2,800百万円
人件費	50百万円×4年 ＝200百万円	70百万円×4年 ＝280百万円
その他の費用	200百万円×4年 ＝800百万円	150百万円×4年 ＝800百万円
儲け	200百万円	120百万円

　海外工場で製造する場合、商品を販売することによって得られた金額は4年間の売上金額4,000百万円であり、商品を販売するためにかかった金額は、材料費2,800百万円、人件費200百万円、その他の費用800百万円の合計3,800百万円です。そのため、儲けは「商品を販売することによって得られた金額」から「商品を販売するためにかかった金額」を差し引いた200百万円となります。同じようにして、日本国内で製造する場合の儲けは120百万円となります（「海外と日本の比較」表参照）。

日本の技術・ノウハウが流出 ▶ 日本企業の強み⬇

　ここで、儲けは海外工場で製造するほうが日本国内で製造する場合より80百万円多いため、儲けを優先するならば、海外工場で製造する案を企業は選択するでしょう。しかし、海外工場で製造をする場合、

製造技術を国外の人材に教えていかなければなりません。その結果、今まで日本企業が培ってきた製造技術に関する経験やノウハウが日本国外に流出するきっかけを与えてしまいます。また、日本人とは異なる気質を持った国外の人材によって作り出される製品は、必ずしも日本国内の品質水準を保っているとは限りません。日本の電気機器メーカーの強みは、その高い製造技術と品質にあります。海外工場で製造する場合、これらの強みを企業から失わせる可能性が高いのです。つまり企業内部で保有する能力のうち、他の企業との競争に打ち勝つための手段として何が最も有効かを重視して企業は決断しています。このことを重要視するならば、A企業は4年間の儲けが少なくても、日本国内で製造する案を選択することになるのです。

日常生活のなかでもこのような「決断」をしていることがあります。たとえば大学生が、アルバイト先を探しているときに、時給950円の深夜時間枠のカラオケのアルバイトを見つけましたが、ゼミの担当教授から時給900円でゼミのフォロー役をやってくれないかと言われたとします。時給はカラオケのアルバイトのほうが高いので、儲けの高い方を選ぶのならば、カラオケのアルバイトを選択するでしょう。しかし、深夜にアルバイトを行えば、睡眠時間が少なくなり、大学の授業の出席率も低くなり、その結果、大学の単位を落としてしまい、留年となるリスクが高まります。このリスクはぜひとも避けたいと考えるならば、ゼミのフォロー役のアルバイトを選択することになるでしょう。

5　時間の捉え方

❹において、企業が儲け以外の基準で「決断」を行うことがある場合について述べてきましたが、何となく腑に落ちない方がいらっしゃるかもしれません。その感覚は間違ってはいません。結局は、企業において儲けが「決断」の基準なのですが、儲け以外の基準で「決断」したように見えただけなのです。では、なぜ、❹においてはそのよう

に見えたのか、考えてみましょう。

　❹において、A企業は、今後の4年間、液晶デジタルテレビ製造を海外で行うのか、日本国内で行うのかを迷っていました。A企業は液晶デジタルテレビを製造・販売して儲けを得ることを目的として企業活動を行っています。倒産しない限り、A企業は4年経過したあとも、液晶デジタルテレビを製造・販売し、儲けを出していかなければなりません。ならば、4年の期間においてのみ、儲けが多くても仕方がないのです。4年後以降もより多くの儲けを獲得することを望んでいるのです。A企業は、海外工場と国内工場で悩んでいましたが、海外工場で生産を行った場合、A企業が持つ高水準の品質が失われ、また、生産技術が海外に流出する危険性があります。このような危険性が現実のものとなった場合、どのようなことが生じるでしょうか。品質の低い製品を買いたいと思う人はいないでしょうし、生産技術が海外に流出した結果、海外企業がA企業と同じような性能を持った液晶デジタルテレビを生産することが可能となってしまうと、A企業が従来から持っていた市場を海外企業に奪われることにつながります。これらは、A企業の製品が将来にわたって売れなくなることを意味するのです。製品が売れなくなれば、「商品を販売することによって得られた金額」は少なくなります。たとえ人件費の削減によって「商品を販売するためにかかった金額」が抑えられていたとしても、儲けは「商品

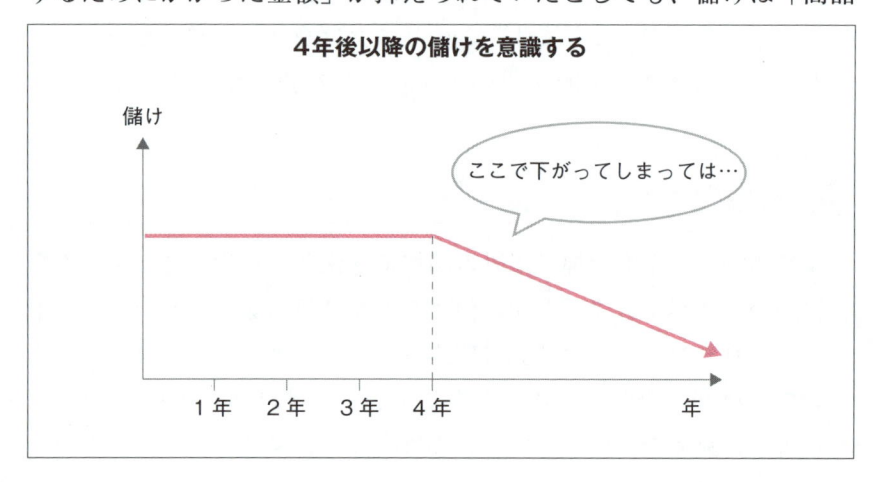

4年後以降の儲けを意識する

儲け

ここで下がってしまっては…

1年　2年　3年　4年　　　　　　　年

を販売することによって得られた金額」－「商品を販売するためにかかった金額」で求められますから、結果的に儲けが減少していくことになってしまうのです。このことをA企業は懸念していたのです。4年間の儲けではなく、その後の長期間にわたる儲けがどうなるのかを意識していたのです。

6　決断の対象期間（短期的視点と長期的視点）

　このように、企業が企業活動を行う際に迫られるさまざまな「決断」には、4年間のような比較的短期間の視点を持って行う場合と、さらに長い期間の視点を持って行う場合があります。A企業が4年間の儲けのみに着目して決断をしようとする場合、これは短期的な視点のみで「決断」をすることを意味します。海外工場で生産することにより、A企業の品質・生産技術が海外流出し、4年後以降の儲けが減少することを考慮している場合、これは、長期的な視点で「決断」をしようとしていることを意味します。

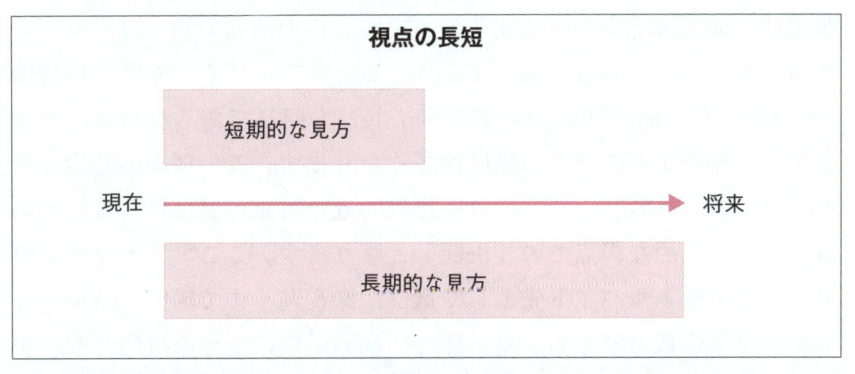

視点の長短

| 短期的な見方 |
| 現在 ────────────→ 将来 |
| 長期的な見方 |

　時間は将来にわたって永遠に続くものです。また、将来に起こることについて、人は確実に予測することはできません。そのため、企業は自らの儲けを永続的に増やすために、さまざまな工夫をこらして「決断」を行っているのです。その一つとしてあげられるのが、この短期的な視点と長期的な視点なのです。ある「決断」をすることによって、将来、どのような影響が儲けに生じるのかを見極めるのは非常に難しいものです。しかし、比較的近い将来については、遠い将来

よりも予測がつきやすいものです。そこで、企業は、「決断」を迫られたとき、まず、近い将来までの儲けをつかみ、短期的な視点で「決断」をし、さらに、遠い将来においての儲けがどうなるか、長期的な視点によっても「決断」をするのです（儲けがつかみやすければ、長期から短期という逆の流れもあります）。A企業は、短期的な視点のみではなく、長期的な視点で儲けを増やしたいと意識した結果、国内工場での製造を考えただけで、結局はどちらの儲けがより多くなるか否かという基準で「決断」をしていたのです。企業にとって、やはり儲けは大事なものなのですね。

7 個人の決断の期間

　私たち個人が「決断」をする場合は、必ず儲けが基準となって「決断」を行っているとは言い切れませんが、今まで見たように、長期・短期的な視点を組み合わせて「決断」している場合があります。❹のアルバイトの選択の例を使って考えてみましょう。アルバイトを行う期間は、通常大学生である期間のみです。この期間の儲けは、カラオケのアルバイトの場合は時給950円、ゼミのアルバイトの場合は時給900円であり、働く時間が両アルバイトとも同じであるならば、カラオケのアルバイトのほうの儲けが多くなります。この期間の時給のみを重視して「決断」を行う場合、比較的近い将来の儲けに着目しているので、短期的な視点での「決断」となります。ここで、カラオケのアルバイトをアルバイト先として選び、深夜遅くまで働いた結果、大学の必要単位数を取るのが精一杯で、就職活動に十分な時間が取れず、希望どおりの就職先に決められなかったとします。その結果、大学卒業後、社会人としての給与に影響が出るかもしれません。大学生卒業後の儲けは基本的に企業等からもらう給与ですので、将来の儲けに影響が出ることになります。これらを考慮してアルバイト先の選択を行う場合、比較的遠い将来の儲けにも目を向けているので、長期的な視点で「決断」を行っているといえます。

　このように、比較的近い将来のみを見て「決断」をするのか、遠い

将来も見て「決断」をするのかで、まったく異なる「決断」が導かれます。現在の不確実性の高い環境では、投資に対して、経営者がどのように選択するかは大きな意味を持っています。個人としても日常生活で、大小さまざまな「決断」に遭遇することになりますが、そのときに、近い将来だけではなく、もう少し遠い将来についても考えを巡らせて「決断」するといいかもしれません。

関連する会計用語

投資意思決定　リース　減価償却費　費用配分　長期的視点　短期的視点
効用　機会損失　キャッシュ・フロー　不確実性　選択

9 アルバイトの選択

1 高収入のアルバイトを選ぶ？

　アルバイトをするときにはどのようなことを基準に選んでいるでしょうか。過去に経験のある方も、これから経験される方も一緒に考えてみましょう。

　時給や日給が高いこと、働く時間や期間が自由に選べること、勤務場所が家や学校から近いこと、仕事内容に興味がもてること、会社の雰囲気が良いこと、仕事内容が楽であること、仕事を通じて知識やスキルが身につくことなど、アルバイトを選ぶ基準は人それぞれでしょう。しかし、なかでも一番の関心事は時給や日給が高いことだと思いますが、ここで、「時給や日給が高い」というのは具体的にどのようなことをいうのでしょうか。以下の例題を使って考えてみましょう。

例題

　今、大学3年生の学生が、大学の掲示板でアルバイトの求人票を見て、どのアルバイト募集に応募するかを考えています。ここで、掲示板には求人票が二つあります。
　一つは、「激ウマ中華飯店　X」。もう一つは、「激安大衆居酒屋　Y」。それぞれの仕事内容や労働条件は、以下のとおりであったとします。
① 仕事内容は、XもYも同じで、客席への飲食物の上げ下げなどの接客サービス・食器洗い・掃除です。
② 就労時間についても、XとYは同じであり、午後5時から午後10時までの5時間です。
③ 時給については、Xが時給850円、Yが時給1,000円です。
　さて、上記の条件以外に情報がない場合、どちらのアルバイト募集を選択するでしょうか。

どうしても「激ウマ中華飯店　X」で働かなくてはならない事情のある人以外は、「激安大衆居酒屋　Y」を選択したのではないでしょうか。それは、同じ仕事内容で、同じ就労時間であるならば、時給が高いほうを選ぶのが「得」と考えたはずだからです。ここで、大半の方が、「得」と考えた判断の根拠である「時給」について、もう少し詳しく考えてみたいと思います。

2　時給について考える

時給の求め方を考えるために、前記の例題に少し条件を追加してみます。

例題

> 前記の例題に以下の条件が新しく追加されました。
> ④　Xでは、500円相当の夜食の賄い食つきでした。しかし、Yでは、賄い食はついていませんでした。
> ⑤　交通費について、Xでは、公共交通機関を利用した場合に限り、実費が支給されますが、Yについては自己負担です。ここで、XとYに行くには、どちらも家から往復するために電車代が300円かかるとします。
> さて、前の例題を含め、①～⑤の条件以外に情報がない場合、どちらのアルバイト募集を選択するでしょうか。

時給の求め方は次のようになります。

　　時給＝店が支払ったすべてのお金〈総支給額〉÷就労時間

それぞれについて計算します。

・Xの時給について
　総支給額：（＠850円×5時間）＋賄い代500円＋交通費300円
　　　　　＝5,050円
　Xの時給：5,050円÷5時間＝＠1,010円

・Yの時給について
　総支給額：（＠1,000円×5時間）＝5,000円
　Yの時給：5,000円÷5時間＝＠1,000円

この結果、Xの時給@1,010円のほうが、Yの時給@1,000円よりも@10円「得」となります。

　ここで、Xの時給について、賄い代500円を総支給額に加算されることを不思議に思う方がいらっしゃるかもしれません。それは、実際に現金で500円をもらっているわけではないことからくる違和感だと思います。しかし、この場合、店の立場に立って考えてみると、店が500円を払って店から賄いを買い、あなたにその賄いをタダで与えているのです。そのため、結果的には、店があなたに500円を支払ったことと同じことになるのです。少し難しいのですが、賄いをもらった側（あなた）の視点とそれを与えた側（店）の視点の違いを区別して物事を考えることは、とても大切なことです。

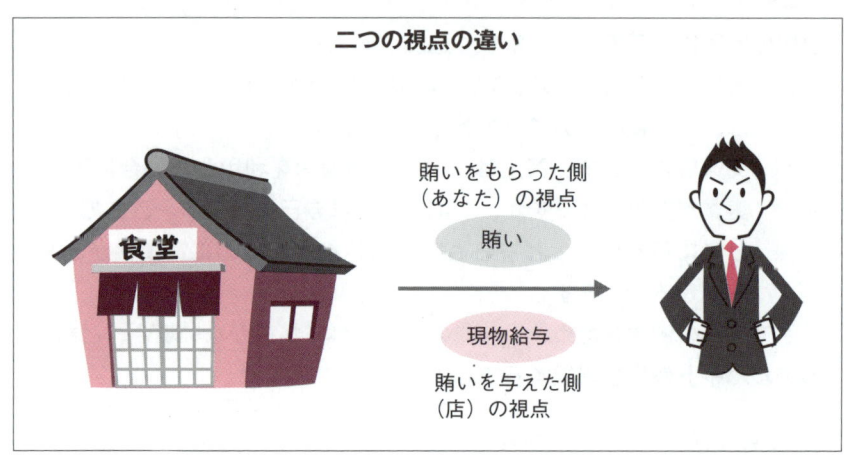

二つの視点の違い

賄いをもらった側（あなた）の視点
賄い

現物給与
賄いを与えた側（店）の視点

　さて、どうでしょうか。④と⑤の条件を追加すると、XとYの時給は逆転し、Xの時給のほうが高くなりました。このように、賄いの有無や交通費の支給状況の違いにより、時給は変化し、影響を受けるということがわかりました。実際に、アルバイトをしようとするときには、労働条件を良く確認して、いろいろな求人を比較して、納得のいく選択を行うことが重要となってきます。

③ 給料の支払方法

　ここで、アルバイトを選ぶ基準としてもう一つ取り上げたい重要な

ことがあります。それは「給料の支払方法」です。この「給料の支払方法」について、特に重要な二つのポイントを挙げます。「①いつ（賃金支払日）」、「②どれだけ（計算期間）」の給料が支払われるのかということです。この二つのポイントがなぜ重要なのかについて、少し考えてみましょう。

まず、「いつ」給料が支払われるのか（賃金支払日）についてです。給料が支払われるタイミングは、アルバイトごとにさまざまですが、大きく二つに分類すると、「日払い」か「毎月一定期日払い」に分けられます。日払いは、働いた当日にその日働いた分の給料を受け取ります。また、毎月一定期日払いでは、支払い側が決めた日（たとえば、毎月10日や25日や月末）に一定期間働いた分の給料を受け取ることになります。

次に、「どれだけ」給料が支払われるのかについてです。たとえば、「前月21日から当月20日分の給料を当月25日に支払う」というように、賃金支払日に何日から何日まで働いた分の給料が支払われるのか（計算期間）ということです。これは前もって契約で決められていることが一般的です。

4 必要なときに自由に使えるお金

たとえば、6月1日に、夏休みの旅行を企画しました。参加代金として6月15日（2週間後）に代金5万円を支払う必要があります。しかし、現在、2万円しかお金がありません。そこで、3万円を稼ぐためにアルバイトをすることとしました。早速、求人情報誌を隅々まで読み込み、いくつか高収入で納得のいくアルバイトを見つけたとします。しかし、残念なことに、どのアルバイトも「給与の支払方法」が、「毎月末締切、翌月20日支給」のものばかりでした。この場合、仮に選択したアルバイトが1日3時間、時間あたり1,000円、週5日、2週間働いて、6月15日までに3万円分働いたとしても、この分の給料が自分の手元に入ってくるのは1カ月以上も先の7月20日になってしまい、6月15日には目標の金額を手に入れることができません。

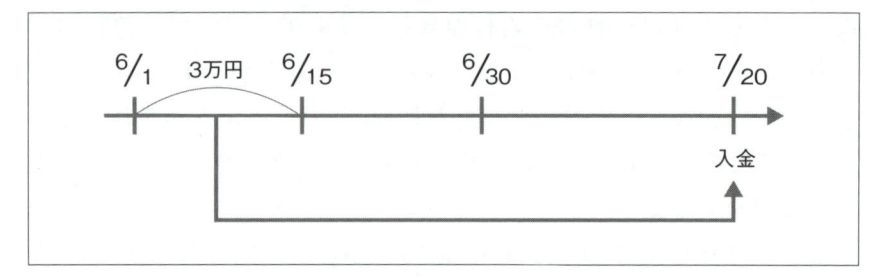

```
   6/1    3万円   6/15        6/30              7/20
 ──┼───────────┼───────────┼───────────────┼──→
   │                                       │ 入金
   └───────────────────────────────────────┘
```

　つまり、6月1日からすぐにアルバイトを始めて働けたとして、6月15日までに、働いた分の給料を手に入れようと考えたら、「給料の支払方法」は、「どれだけ」に6月1日から6月15日の働いた期間分の給料（3万円以上）が含まれていて、かつ、「いつ」が6月15日より前の支払日でなければならないという、限定的な条件が必要となります。

　このような急にお金が必要になったときには、「日払い」のアルバイトを探すのが現実的でしょう。

　アルバイトを探す際に、稼いだ給料の使い道が決まっているといった場合には、単に収入面の条件だけでなく、稼いだ給料が「いつ」、「どれだけ」自分の手元に入ってくるのかということも新たな条件として追加されることになるのです。特に、給料の使い道に期日がある場合、高収入で納得のいくアルバイトを見つけて、働いたとしても、その働いた分の給料が必要なときに受けとることができなければ、「骨折り損のくたびれ儲け」ということになってしまいます。その意味でも、実際に働いて稼いだ給料が「いつ」自分の手元に入り、「どれだけ」自由に使えるお金になるかということはとても重要です。そのため、「いつ」、「どれだけ」という「給料の支払方法」は、アルバイトを選ぶうえで重要な確認事項といえるのです。

❺ 「もらったお金＝自由に使えるお金」ではない!?

　ここまでは、アルバイトを始めるまでの話でした。これからは、アルバイトを始めてからの話です。特に気になる「給料」について、具体的に考えていきましょう。

さて、アルバイトをして初めて給料をもらったときのことを想定してみてください。手元の給料明細には、1カ月間の汗と涙の結晶が、数字となって表れています。ここで、「あれ、思っていたより少ないな。」なんてことを思うかもしれません。

　実は、そのとおりで、実際に手元に残るお金は、働いた分のお金と単純にイコールではないのです。その主な原因が税金の存在です。つまり、稼いだお金には、税金が課せられることになっており、稼いだ金額に応じて、税金が差し引かれるしくみになっているのです。この稼いだお金（所得）にかかる税金を所得税といい、差し引かれて支給されるしくみを「源泉徴収」といいます。

　この源泉徴収という言葉はご存知でしょうか。会社から、給与をもらっている方であれば、通常、毎月の給料から所得税が源泉徴収されているので、一度くらいは耳にしたことがあるでしょう。

　これは、アルバイトの人も同様で、一定金額以上（月額8万7,000円以上）の給料があるときには、税金分を差し引いて支給されている（天引き）はずです。この税金は、1カ月の収入がこれだけあれば1年間の収入はこれくらいになるだろう、という想定で、税金を前払い、すなわち給料から差し引いて徴収されています。もちろん、予測どおりになるとは限りません。そこで、年末にその年の収入が確定した段階で、改めて年間の給料から税金である所得税を計算して、それまでに前払いしている税金より多いか少ないかにより、過不足分を精算するのが「年末調整」です。過払いで所得税を納めすぎであれば過剰分が返却（還付）されますし、不足していれば追加で税金を支払わなくてはなりません。一方で、アルバイトや派遣会社を転々としたために年末の時点でどこの会社にも所属していない場合や、あるいは所属していてもその会社では年間の給料総額がわからない場合など、年末調整を受けることができないときに行うのが「確定申告」です。先に説明した給料の総額や差し引かれた税金などの金額が記載されている書類（会社からもらう源泉徴収票のこと）やその他必要な書類（控除額を証明する納付書など）と印鑑を持って税務署に行けば確定申告の方

3限目　決めるのは経営者だけではありません

❾　アルバイトの選択

法を教えてくれますし、国税庁のホームページで書類を作成することもできます。

6 税金（所得税）のしくみ

　所得税のしくみをサラリーマンの場合でもう少し見ておきましょう。所得税を計算するときの基本になるのが、1年間にもらった「給与」です。手取りではなく支給総額です。所得税はこの給与すべてにかかるわけではありません。給与から必要経費などを控除した「課税所得」にだけかけられます。では、「控除」にはどのようなものがあるのでしょうか。

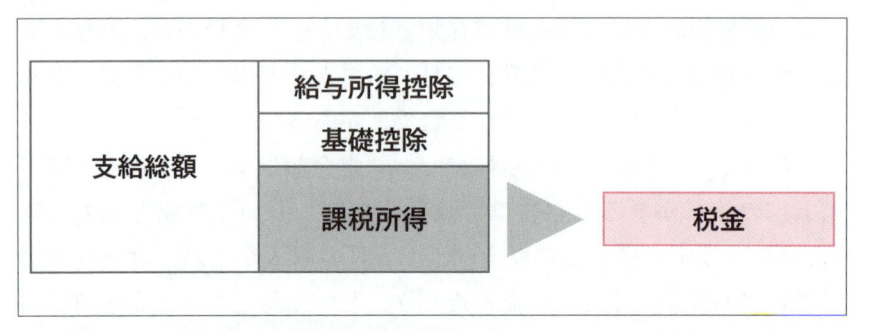

支給総額	給与所得控除		
	基礎控除		
	課税所得	▶	税金

　まず、サラリーマンの必要経費といわれる「給与所得控除」です。給与の一定割合が必要経費として控除されます。次に、すべての人の収入から控除される「基礎控除」があります。いわば、生きていくための必要経費と考えられます。

　たとえば、アルバイトで1年間に103万円の給与をもらったとします。この場合、給与所得控除額が65万円、基礎控除額が38万円であれば、給与所得の課税所得は、103万円 −（65万円 + 38万円）= 103万円 − 103万円 = 0円となり、所得税は0円になります。

　もしもこの人が源泉徴収されていれば、年末調整か確定申告で、徴収された全額が返還されることになります。つまり、年収103万円までは、所得税はかからないことになります。

7 アルバイトと税金

　前半でアルバイトを選ぶ基準について、後半でアルバイトに関連する税金の話をしてきました。アルバイトを選ぶ基準は、時給等の数字で見ると自分にとっての損と得とが目に見える形で表すことができて判断しやすくなりました。また、所得税の話も少し難しいかもしれませんが、しくみを理解したうえでひとまずキーとなる数字を抑えておくとよいでしょう。アルバイトを例にとって税金の話にまで及びましたが、身近な数字を基に、日常の生活や活動を考えてみることも大事でしょう。興味が湧けばどのように税金を納めるのか、また納めた税金がどのように使われているのか見ることができるようになるでしょう。

関連する会計用語

収入　　時給　　賃金　　計算期間　　所得税　　源泉徴収　　年末調整　　確定申告
課税所得

10 量販店・百貨店と出店戦略

1 郊外にある大型店

　都心から少し地方へ車で移動すると、大型の家電量販店や総合スーパー等の店舗をよく目にします。中に入ってみると、多種多様の商品が揃っていて、しかも低価格で販売されています。休日にもなると駐車場がいっぱいになるようなところも少なくありません。

　生産者やメーカー、卸売業者から仕入れた商品を、消費者に売ることを一般に小売りといい、小売りを行う家電量販店やスーパー、あるいは百貨店のような事業者を小売業といいます。ただ、冒頭で述べたとおり、今日では小売りという名前とは相反するような大量の商品や大型店舗を目にすることが多いと思います。いったいなぜあれだけの商品を大量に揃えているのか、なぜあれほど大きな店舗を作っているのか、そもそもあれだけ安くして儲かるのか。こうした点について見ていきましょう。

2 大量に仕入れるとなぜ価格が下がるのか

　消費マインドの停滞等、小売業を取り巻いている、物が売れないという厳しい状況に対応するため、企業はさまざまな対策をとっています。そのなかでよく見られるのは、より安い価格で商品を提供する、いわゆる低価格戦略です。ただし、やみくもに価格を下げても、儲け、すなわち利益が生まれなければ会社は当然事業を継続できません。そのため、利益を確保しつつ低価格戦略を実現する方法の一つとして、多くの小売業の会社は大量仕入を行っています。

　大量仕入とは、文字どおり一度に大量に商品の仕入を行うことをいい、数量が多いことによる割引や、商品を運搬する際にかかる運賃等

のいわゆる物流費を削減することで商品1個あたりの仕入単価を抑える効果があります。以下に簡単な例を紹介します。

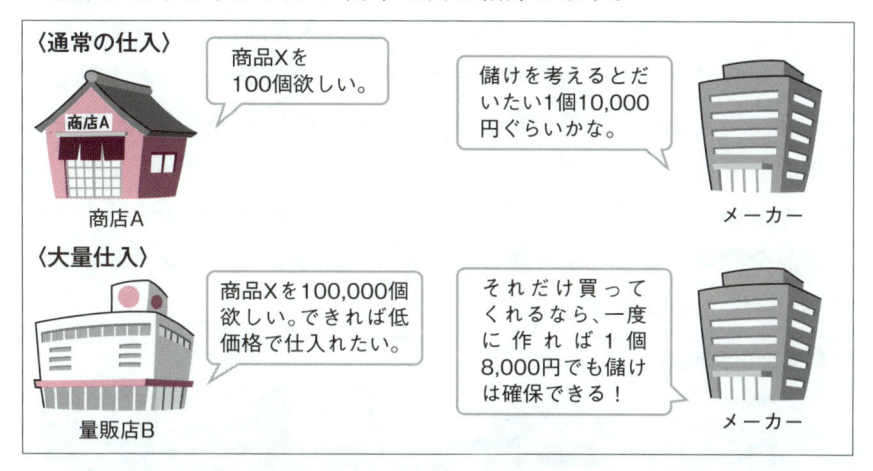

〈通常の仕入〉
商店A：商品Xを100個欲しい。
メーカー：儲けを考えるとだいたい1個10,000円ぐらいかな。

〈大量仕入〉
量販店B：商品Xを100,000個欲しい。できれば低価格で仕入れたい。
メーカー：それだけ買ってくれるなら、一度に作れば1個8,000円でも儲けは確保できる！

　このように、商店Aの場合、仕入に1個10,000円かかるわけですから、仮に2,000円の儲けを確保するには、商品Xを1個12,000円で販売する必要があります。一方で、大量仕入を行った量販店Bは、仮に1個10,000円で販売しても2,000円の儲けを確保できます。こうして、量販店Bは商品Xについて価格競争力を確保できるのです。

3　問屋はいらない？

　問屋とは、一般的にはメーカーと小売業の中間にいる卸売業者のことをいい、卸問屋といわれることもあります。スーパーや家電などの量販店で買い物をするとき、商品が少ないお店よりも、いろいろな商品がおいてあれば選択肢が増えるので、当然後者のほうが魅力的に見えます。ただし、いろいろな商品を揃えるために、全国、ときには国外のさまざまなメーカーや業者と直接交渉をして取引を行うことは、小売業者にとって非常に負担になります。そこで、さまざまな商品を取り扱い、どのような商品が製造され、またこれから製造されるのかという情報と、どのような商品が消費者に売れているか、という双方の情報を知り得る立場である問屋から商品を調達することで、品揃えを確保してきました。一方、問屋は、さまざまな商品を揃え、商品に

3限目　決めるのは経営者だけではありません

関する情報提供を含めて、メーカーから小売業者に商品を引き渡す際に一定の利益を上乗せしています。

しかし、物流機能やIT・情報システムが社会的にも整備されている現代社会では、小売業者がメーカーと直接取引を行うことも難しくなくなってきました。そのため、現在では、問屋を介さずメーカーと直接取引を行う小売業者も増えてきています。小売業者としては、問屋を介さないことで、問屋が得ていた一定の上乗せ利益分を負担せずに商品を調達することが可能となります。簡単なイメージとして、次の例を見ていきましょう。

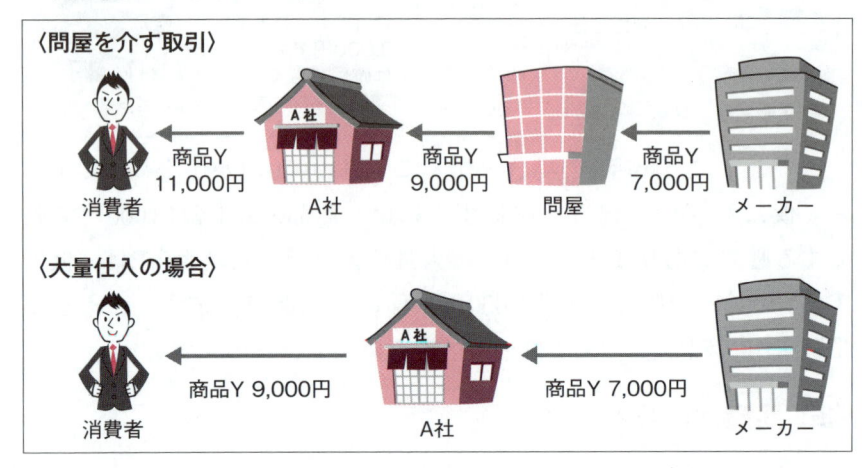

〈問屋を介す取引〉

消費者 ← 商品Y 11,000円 ← A社 ← 商品Y 9,000円 ← 問屋 ← 商品Y 7,000円 ← メーカー

〈大量仕入の場合〉

消費者 ← 商品Y 9,000円 ← A社 ← 商品Y 7,000円 ← メーカー

上記のとおり、直接取引を行うことでA社は商品Yの仕入を2,000円安く抑えることが可能になります。よってA社は、問屋を介す場合よりも消費者に2,000円安く商品を販売しても、問屋を介した場合と同じ2,000円の利益を得ることが可能となります。

④ 店舗の大型化による大量販売

ただし、大量仕入を実施しても商品が売れなければ、会社は利益を得ることもなく多大な在庫を抱えてしまいます。そのため、大量の商品を売るためのスペースが必要になります。

そこで、小売業各社は大型店舗を作り、多様かつ大量の商品を販売できるようにしたのです。そして、大型店舗を作る際には郊外への出

店を多くする傾向にありました。郊外は、都市部よりも地価が安価であるため、土地を安く購入したり、借りたりできます。また広い空間を確保して、多くの駐車場を完備すれば、来客数も多く見込め、また買い物だけでなく、商業スペースのなかで、食事や娯楽も楽しめるようにできるなどの利点があります。スペースが限られるターミナル駅の駅前商店街で、閉店が相次いでいることとは対照的です。

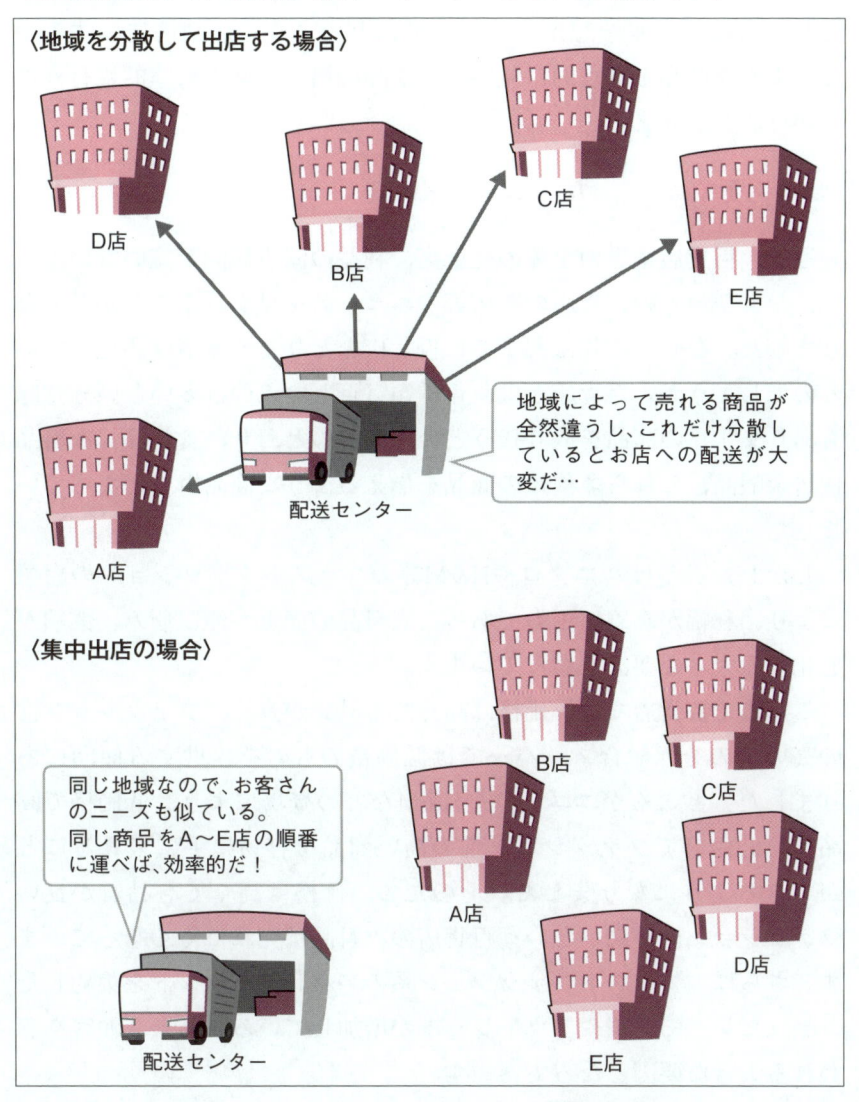

〈地域を分散して出店する場合〉

D店　B店　C店　E店

配送センター

地域によって売れる商品が全然違うし、これだけ分散しているとお店への配送が大変だ…

A店

〈集中出店の場合〉

B店　C店　A店　D店　E店

同じ地域なので、お客さんのニーズも似ている。同じ商品をA〜E店の順番に運べば、効率的だ！

配送センター

⑩ 量販店・百貨店と出店戦略

3限目　決めるのは経営者だけではありません

さらに特定の都道府県や地域に集中して店舗展開し、その地域でのシェアを獲得し、他社よりも優位に立つような戦略を実行しています。この戦略を「ドミナント戦略」といいます。これにより、特定地域への出店の際に、配送センターを基点に一定の距離をおいて出店することで、効率的な配送ルートが設定でき、物流費を削減することができます。また、その地域にいる客の特徴やニーズを分析し、その分析に応じた店舗モデルを想定することで、どのような店舗構造にするか、どのような商品を重点的に展開するか等の出店計画を効率的に行うことが可能となります。

5　何でもある、から専門店へ

　近年、百貨店業界の全体の売上高、利益の減少傾向が続いていること、および地方の百貨店の閉店等のニュースを見かけることが多くなりました。なぜ、これほどまでに百貨店をとりまく環境は悪化しているのでしょうか。百貨店とは、百種類（百というのは多いという意味もあります）の商品を取り扱うという名前のとおり、食料品、衣料品、住居余暇品、これら多種類の商品を揃えるような商品構成となっていました。

　しかし、近年はユニクロやH&M等のファストファッションの台頭により、利幅が高く、主力であった衣料品の売上が伸び悩み、業績が悪化する大きな要因となっています。

　これまで百貨店では、価格は高くても品質が良く、ファッション性の高いものを、総合スーパーでは低価格のものを提供する傾向にありました。ところがユニクロやH&Mなどの登場により、低価格で高品質、低価格でファッション性の高い商品を容易に手に入れることができるようになりました。そのため、価格は高くても品質が良い、ファッション性が高いという百貨店の衣料品は売れにくくなっています。さらに、ファストファッション系のアパレルブランドを集約したショッピングモールやアウトレットが増加していることも、顧客を奪われる大きな要因となっています。

そこで最近では、利幅は低いものの、安定的な消費が期待できる生鮮品や惣菜、いわゆる「デパ地下」の強化を図る百貨店が増加しています。百貨店は都心部へ集中して出店されることから、各社での競争が激しくなる傾向がありました。一方でショッピングモールやアウトレットの影響を受けやすい地方の百貨店の店舗は不採算となり、その競争に耐え切れず閉店に追い込まれることも少なくありません。駅前にあった百貨店がいつの間にか閉店している場合もよく見かけます。駅前では駐車場のスペースを確保することが難しく集客をしにくいという状況も影響しているようです。

6　なぜ閉店するのか

そもそも、なぜ業績が悪いと会社は閉店という選択を行うのでしょうか。それは当然商品の売上が低迷しているからだ、といえばそれまでかもしれません。しかし、ときには一見客の入りがよく、売上も堅調である場合でも、閉店に追い込まれることがあるのです。

以下の例で見ていきましょう。

> **例題**
>
> 百貨店を営んでいるA社の以下の2店舗について、この年度の業績はどちらがいいでしょうか。なお、便宜上、商品構成は同一で、利益率は30%とみなします。
>
> | 都心部にある大型店X | | 郊外にある中規模店Y | |
> |---|---|---|---|
> | 売上高 | 600億円 | 売上高 | 200億円 |
> | 原価（仕入） | 420億円 | 原価（仕入） | 140億円 |
> | 利益 | 180億円 | 利益 | 60億円 |

利益率は同一とみなしているので、業績は金額で判断します。まず、売上、利益の金額を見ると当然Xのほうが業績はいい、と判断できます。しかし、店舗を運営していくにあたっては、仕入以外にもさまざまなコストが発生します。その大きな要因として、設備費（今回は便宜上、建物、土地などの賃料を考えます）や人件費があげられます。

そこで、この設備費と人件費を加味したうえで業績を見ていきましょう。

都心部にあるX店		郊外にあるY店	
売上高	600億円	売上高	200億円
原価（仕入）	420億円	原価（仕入）	140億円
賃料	90億円	賃料	25億円
人件費	90億円	人件費	25億円
利益	0億円	利益	10億円

　都心部に出店した場合、郊外と比較して賃料は高くなる傾向にあります。同様に従業員やアルバイトに支払う給与も都心部のほうが割高となります。賃料、人件費について都心部を売上高比率15%、郊外を12.5%とした場合、上記のような結果となります。

　この場合Y店のほうが業績はいい、と判断できます。

　今後、X店で売上の改善やコストの削減が見込めない場合、利益は確保できないことになります。その場合、A社はX店を閉店するべきかどうか考える必要があります。では、実際にどのような場合、X店は閉店すべきなのでしょうか。

　仮に、X店の業績が以下の状況まで悪化した場合を想定します。

X店【翌年度】	
売上高	500億円
原価（仕入）	350億円
賃料	90億円
人件費	90億円
利益（△損失）	△30億円

　この場合、A社がX店の翌々年度について、以下のいずれかの戦略をとったとして考えてみましょう。

戦略1		戦略2	
売上高	600億円	売上高	0円
原価（仕入）	420億円	原価（仕入）	0円
賃料	90億円	賃料	0円
人件費	80億円	人件費	0円
修繕費	20億円	店舗閉鎖損失	40億円
利益（△損失）	△10億円	利益（△損失）	△40億円

　戦略1をとった場合、店舗を改装し、リニューアルオープンを実施したことで、売上が回復しました。また、余剰人員の削減を行い、人件費の削減に成功しました。お店の改装に要したコスト（修繕費）が20億円で、結果として10億円の損失となりましたが、前年度よりも20億円赤字幅が改善しました。

　一方、戦略2、すなわち閉店をすることを決めた場合、撤退時の建物の補修や、従業員に対する退職金の支払等を行った結果、トータルで40億円の損失が発生しました。

　上述の戦略を比較すると、戦略1をとったほうが、赤字が少なくて済むことになります。

　しかし、戦略1をとったX店が、その翌年度に以下のような状況となってしまった場合はどうでしょうか。

戦略1	
売上高	400億円
原価（仕入）	280億円
賃料	90億円
人件費	80億円
利益（△損失）	△50億円

　X店の近隣に大型の総合スーパー、家電量販店がオープンし、顧客を大幅にとられる結果となりました。その結果、売上高が大幅に減少し、50億円の赤字となりました。2年間という期間で比較すると、戦略1はトータルで60億円の赤字となりました。一方で、撤退した戦略2の場合、40億円の赤字で済むことになります。近隣店舗との

3限目　決めるのは経営者だけではありません

10　量販店・百貨店と出店戦略

競争はこれからも続きそうな状況で、今後、売上の大幅な回復が見込めない場合、X店は本当にお店の営業を続けるべきなのでしょうか。

7 都心部への進出？

つづいて、出店について見ていきましょう。

2009年10月30日、ヤマダ電機が「LABI1 日本総本店池袋」をオープンしました。①でも見たように、大型の家電量販店といえば郊外にあることが多いのですが、池袋という都心部に日本最大規模の大型店舗を出店したことは、家電量販店業界のみならず、日本中に衝撃を与えました。なぜ、池袋という都心部にあれほどの規模の大型店舗を出店することができたのでしょうか。

ご存知の方も多いでしょうが、「LABI1 日本総本店池袋」があった場所には、かつて三越池袋店がありました。しかし、同一地域内にある西武百貨店や東武百貨店などとの競合環境に置かれ、売上は低迷していました。また、当時、三越百貨店は銀座店の大幅増床や日本橋本店への投資強化などを控えており、経営資源の選択と集中を図っていたことにより、2009年5月6日に池袋店を閉店することとなりました。

そこで、ヤマダ電機は閉店した店舗設備を利用することで、都心に大型店舗を確保することが可能となりました。通常、店舗を出店するには、建物や土地の購入や賃借を行ったり、場合によっては施設の建設を行う必要があります。また、都心部で、ある程度の規模を確保することは容易ではありません。しかしながら、百貨店の大型施設跡を利用することで、ヤマダ電機は一から建物の建設等を行う必要なく、購入と改装のみで大型店舗を確保することができたのです。

8 建てる？ それとも借りる？

上述のヤマダ電機のように、実際にお店を出すとき、どういった点を考える必要があるでしょうか。当然、出店を希望する地域の人口や年齢層、地域特性、どのような商品を中心に展開していくかなど、戦略的にさまざまなことを考えると思います。

ただ、お店で営業するには、まずは営業するスペースが必要となります。そのスペースを確保するため、通常は土地や建物を購入するか、賃借するかのどちらかを選択する必要があります。購入する場合、賃借する場合、いずれも相当の支出を伴います。そのため、出店戦略を誤ると会社に大きな損害を与えることになります。

　以下で、P社が都心に比較的大規模な量販店を出店する場合を考えてみましょう。

　P社は、都心での出店を考えるなかで、出店候補地として以下の二つをリストアップしました。敷地面積はともに30,000㎡と比較的大規模なものとみなします。

	候補地R	候補地S
費用	建物建設費用：150億円 土地購入費用：20億円	土地・建物賃借料：20億円
契約条件	建設費用・購入費用は購入後1年以内に支払う。	賃借契約期間は10年であり、契約期間中に解約する場合は契約の残期間の賃料の30％を支払う。

　たとえば、候補地Rのように土地・建物を一度に購入・建設すれば、その後は維持費用等は発生するものの、購入後に大きな支出をする必要がなくなります。しかし、購入してお店を開店したものの、業績が芳しくなく、将来を通じて170億円以上の利益を獲得できなければ、170億円を投じた出店戦略は失敗ということになります。しかし、撤退するにも、建物を取り壊す費用が発生するので、多額の支出が発生します。こうした失敗の規模が大きくなれば、会社運営にも大幅な影響を及ぼしかねません。

　一方で、候補地Sのように賃借をした場合、毎期20億円程度の支出は発生するものの、Rのように一度に大量の資金を準備しなくても大きなスペースを得ることができます。また、毎期発生する20億円の支出を超える利益を獲得できれば、出店戦略は成功と考えられます。出店後の業績が芳しくなく、撤退する場合にも、残期間の賃料の30％を支払うのみで解約できます。こうした点から、一括購入時よりも会

社が負うリスクは少ないと考えられます。とはいうものの、毎期発生するコストは賃料分だけ、購入時よりも多く発生しますし、契約後早い段階で解約してしまうと、解約したときに発生する支払賃料が多くなってしまいます。

そのため、出店するときにはこうしたリスクを考えながら、出店の意思決定を行う必要があるのです。

⑨ 小売業のしくみは体感できる

大量仕入などの仕入のしくみや、お店の出店計画など、何となくイメージはできても日常生活とは少し離れた世界の話だと感じるかもしれません。しかし、これまでに見てきた事項は、アルバイトで働いているなかで体感することもできます。たとえば、スーパーや量販店で仕事をすれば、そのお店でどのような商品の売れ行きがいいのか、どこの配送センターから商品が入ってきて、どのような商品が多く入ってくるか、ということが良くわかるでしょう。居酒屋でアルバイトするような場合でも、食材やお酒の仕入れは特定の配送センターを経由して行われることが多いと思います。また、同じようにアルバイトや従業員として働いている人数を合計して、自分の給料をベースに人件費を試算すれば、自分のお店でどれくらい人件費を負担しているのか、といったイメージをすることができます。

こうした感覚で自分がアルバイトしている職場を見つめてみると、自分の職場の業績は本当にいいのか、客の入りが堅調でもお店が傾くようなことはないのか、といった視点を持つことができます。こうした視点を持つと、今までとは少し違う視点で商売を見ることができるようになるかもしれません。

関連する会計用語

小売　問屋　大量仕入　設備費　人件費　固定費

4限目

あらためてお金について考えよう

11　やっぱりお金
12　カードのしくみ
13　ポイントとは

11 やっぱりお金

1　お財布にいくら入れるか

　お金をまったく持ち歩かないという方は少数派だと思います。お金を持っていないと、お店で欲しいモノを買うことも、サービスを受けることもできません。最近では、クレジットカードや携帯電話などで支払うことができる場所もずいぶん増えてきました。しかし、まだまだ使えない場所も多く、いざというときにお金がないと不便が生じることもよくあります。

　皆さんは、財布にいくらお金（キャッシュ）を入れていますか。「お金は裸で持つ主義だ」という方は、その金額を考えてみてください。「財布の中に常に10,000円以上ないと落ち着かない」という方もいれば、「1,000円でも平気」という方もいると思います。

　では、どのようにして財布に入れる金額を決めているのでしょうか。「急な出費に備えて多めに」、「何となく」、「無駄遣いしないよう少なめに」などのさまざまな理由があがることでしょう。これらの理由は一見するとバラバラのように思えますが、よく見ると、ある共通点が浮かんできます。それは、財布に入れる金額を「いつ、どれだけのお金が出ていくか」に基づいて決めているということです。

　そんなことはないと思ったとしても、少し考えてみてください。たとえば、飲み会や旅行、あるいは恋人とのデートのときに、「このくらいの金額があれば、何かあっても大丈夫だろう」という金額をお財布に入れていませんか。あるいは、「当面、このくらいの金額があればやっていける」という金額を銀行から下ろしていませんか。心当たりがありますよね。

　また、財布の中にお金を入れることは、「いつ、どれだけのお金が

入ってくるか」にも関係しています。たとえば、銀行からお金をおろすことは、自分で財布の中に「いつ、どれだけのお金が入ってくるか」を決めることです。お小遣いや仕送り、アルバイト代や給料が「いつ、どれだけ入ってくるか」によって、財布の中に入れることができる金額が変わってしまいます。

　つまり、普段意識しなくても、「いつ、どれだけのお金が入って、いつ、どれだけのお金が出ていくか」というお金の流れを考えているのです。会計では、この一連のお金の流れのことを「収支」または「キャッシュ・フロー」と呼んでいます。

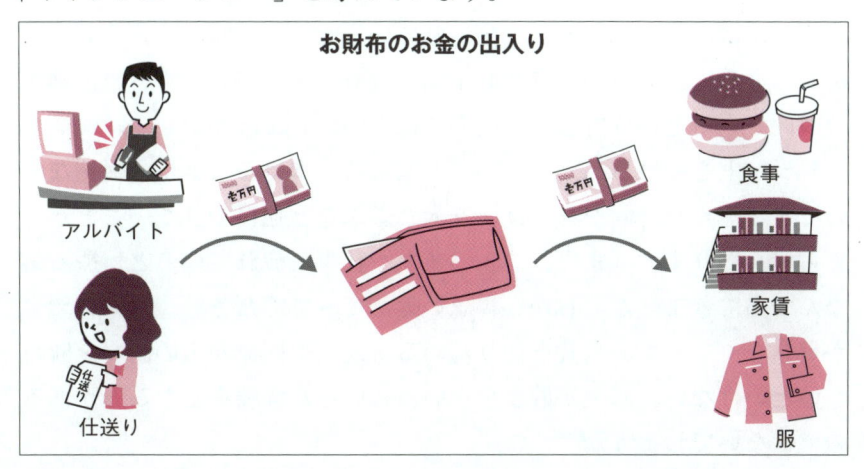

お財布のお金の出入り

② どんぶり勘定と家計簿

　「どんぶり勘定」という言葉を聞いたことがあるでしょうか。「どんぶり勘定」とは、細かく計算などをしないで、おおまかにお金の出し入れをすること、簡単に言えば、あるにまかせてお金を使うことを指します。この言葉は、昔、職人などが「どんぶり」と呼ばれるエプロンのような腹掛けから無造作にお金を出して使ったことに由来します。牛丼やカツ丼などの器である丼とは、関係がありません。誤解していた方も多いのではないでしょうか。

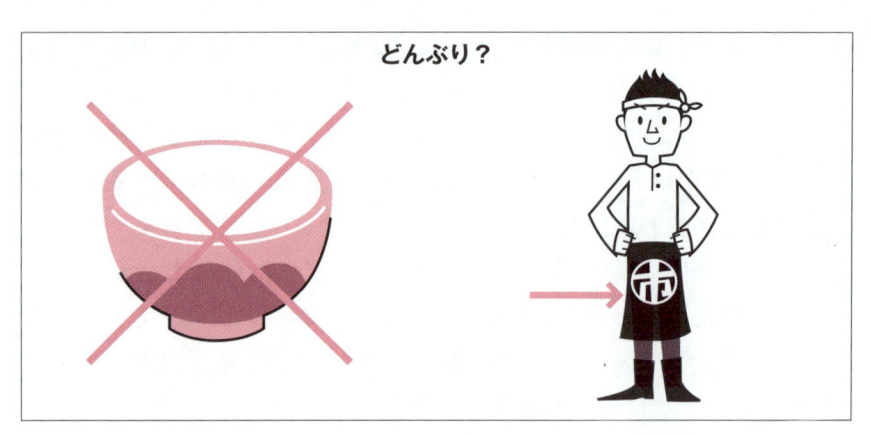

皆さんは、どんぶり勘定で生活していませんか。特に、一人暮らしをしている方、財布の中身や貯金額には気を配っていても、家計簿までつけているという方は少ないのではないでしょうか。

レシートを分けることやそのつど家計簿をつけることは、面倒なものです。そんな時間があれば、友人と遊ぶなど他にやりたいことがいくらでもあります。また、アルバイトや仕事で疲れていると、やる気なんて出てきません。しかし、思い返してみてください。月末にお金が足りなくなって、食費を切り詰める、友人や同僚からの誘いを断らないといけない、お金が貯まらない、といった経験をしたことがあるのではないでしょうか。

原因は、どんぶり勘定で生活を続けていること。これをすると収支のバランス、つまり、「いつ、どれだけのお金が入って、いつ、どれだけのお金が出ていくか」がわからなくなることにあります。❶で見たように、多くの方は、財布にいくら入れるかを決めることを通じて、収支のバランスについて、何となくは考えています。しかし、自由に使えるお金を残すためには、これだけでは不十分です。

そもそも、財布の中身は、皆さんが持っているお金の一部でしかありません。財布の中のお金の動きだけに気を配っても、「木を見て森を見ず」となってしまいます。また、「何となく」考えているということも曲者です。あくまで「何となく」ですから、実際の収支のバランスと自分の感覚にズレが生じていることが多いのです。

家計簿をつけると、自分の収支のバランスをはっきりと知ることができるため、月々の予算を作り、無駄な支出を節約するなどして、自分の手元に自由に使えるお金を残すことができるようになります。お金を貯めようとする方が、家計簿をつける理由はここにあります。
　収支のバランスをよく知ることが、自由に使えるお金を残すことにつながるということは、覚えておきましょう。

❸　企業は、どんぶり勘定でやってはいけない

　ここまでは個人の話をしてきました。ここからは企業の話に移ります。

　多くの企業、特に大企業になればなるほど、「いつ、どれだけのお金が入って、いつ、どれだけのお金が出ていくか」にとても敏感です。個人と違って、収支のバランスを「何となく」としか考えていない企業は、ほとんどありません。どうしてだと思いますか。

　それは、どんぶり勘定を続けている企業の多くが倒産してしまうからです。企業にとって、倒産は絶対に避けなければならないことです。「❶儲けとは」でも見たように、企業には多くの利害関係者がいます。仮にある企業が倒産してしまうと、その企業の従業員は職を失ってしまいますし、購入先や銀行など（債権者）は約束どおりお金を支払ってもらえません。また、経営者は、株主や債権者などから責任を追及され、多額の損害賠償をしなければならなくなるおそれがあります。企業の倒産は、さまざまな利害関係者に大きな影響を及ぼしてしまうのです。

　では、どうして、どんぶり勘定を続ける企業の多くが倒産してしまうのでしょうか。

　企業が倒産する原因は、購入先や銀行など（債権者）に対して支払いを行うことができなくなってしまうことです。これを「資金ショート」といいます。どんぶり勘定を続けている企業は資金ショートに陥りやすいのです。

　現在の企業どうしの取引においては、「信用取引」が広く利用され

ています。詳しくは④でお話ししますが、この信用取引は、モノを渡すタイミングとお金を受け取るタイミングを別にすることにより、企業が収支のバランスを把握することを難しくしています。

　ただでさえ、企業は個人と比べて収支のバランスが把握しにくいにもかかわらず、どんぶり勘定を続けている会社は、収入に見合わない支出をすることなどにより、「収入≦支出」の状態に陥りがちです。「収入≦支出」の状態になってしまうと、企業は、資金ショートを避けるため、その不足分を手元のお金で補うことになります。もっとも、お金は無限にあるわけではありませんから、いつかなくなってしまいます。手元のお金がなくなってしまうと、銀行などからお金を調達しなければなりません。しかし、自分の収支のバランスがわからないということは、いつ、何に、どれだけのお金を使ったかわかっていないということです。個人のレベルで言えば、浪費家かもしれません。そんな企業に銀行はお金を貸したいと思うでしょうか。

　こうして、お金の調達がうまくいかないと、資金ショートが起こってしまうのです。

④　お金の面から見た「信用」

　ここで、先ほど出てきた「信用取引」についてお話しします。

　皆さんがお店でモノを買った場合、現金で支払いをすることが多いと思います。一方、企業どうしでモノの売り買いを行った場合、現金払いよりも「ツケ」で支払いをすることが一般的です。ツケとは、モノを買ったときに支払いをしないで、あとでまとめて支払うことです。このツケ払いで行われるモノの売り買いから支払いまでの一連の流れを、信用取引といいます。

　企業どうしの取引は、個人の取引と比べると、取引相手の数や取引量が多く、金額が多くなりがちです。そのつどお金のやり取りをしていると、事務手続きに多くの時間や支払い（間接費）が発生してしまいます。この事務手続きにどんなに時間をかけたとしても、販売先からの回収額が増えるわけではありません。結果として、企業の儲けは

少なくなってしまいます。また、そのつどお金のやり取りを行うと、常にたくさんの現金を手元に持っていなければなりません。たくさんの現金が企業の手元にあると、盗難や紛失などの危険が高まってしまいます。このような問題を解消するため、企業どうしの取引は、信用取引により行われることが多くなっています。

　もっとも、信用取引を行うと、よいことばかり起きるわけではありません。信用取引は、モノを渡すタイミングとお金を受け取るタイミングを別にしてしまいます。モノを売った企業からすると、決められた日（期日）に販売先（債務者）がお金を支払ってくれるという約束を信用して、先にモノを渡しているわけです。しかし、決められた日までに販売先が倒産してしまうと、モノを売った企業はモノの代金を回収できなくなってしまいます。このように、債務者から約束どおりお金を回収できなくなる危険性のことを「信用リスク」といいます。この信用リスクを抑えるため、モノを売る企業は、信用取引を行うときに、相手が本当にお金を支払うことができるかを継続して確認しています（与信管理）。

　また、モノを渡す（受け取る）タイミングとお金を受け取る（支払う）タイミングが別になるだけでなく、相手によってもお金を受け取る（支払う）タイミングが異なるため、収支のバランスを把握することがとても難しくなります。これが、❺でお話しする「黒字倒産」を

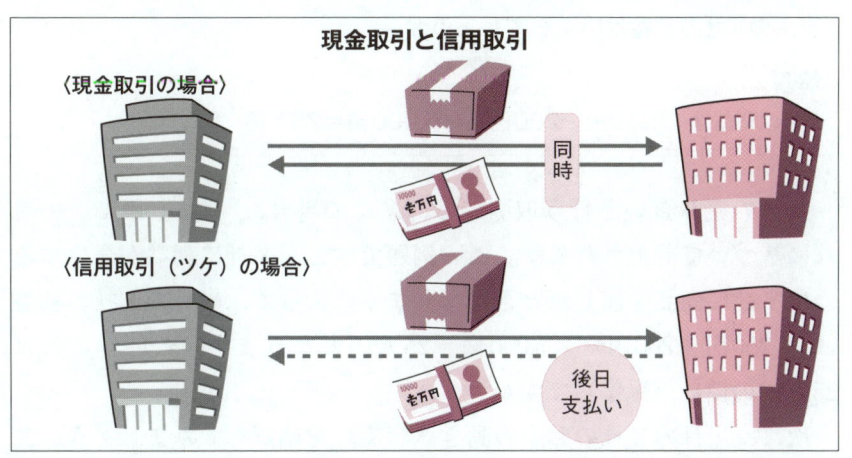

現金取引と信用取引

〈現金取引の場合〉　　　　　　　　　　　　同時

〈信用取引（ツケ）の場合〉　　　　　　　　後日支払い

4限目　あらためてお金について考えよう

⑪　やっぱりお金

5 儲かっていても、倒産する

儲かっているけれども、倒産する企業があるといったら、皆さんは信じられますか。「そんなことが起こるわけがない」というのが、一般的な感覚だと思います。しかし、実際に起こっているのです。それが「黒字倒産」です。

会計の世界では、さまざまな関係者の利害を調整するために、企業の「儲け」を「利益」として計算するよう決めています。利益が出ている状態のことを「黒字」、利益が出ていないこと（損失）を「赤字」といいます。

さて、この「利益」ですが、注意しなければならないことがあります。それは、「利益」があくまで会計という枠組みのなかで「儲け」を計算する考え方の一つであり、必ずしも増えたお金の額を表さないということです。例題を見ながら、一緒に考えてみましょう。

> **例題**
>
> 当月、X社は商品（売り値250円、仕入れ値200円）をY社に5,000個販売しました（すべてY社に引き渡し済み）。Y社はX社に当月分の商品の代金を2カ月後に支払う約束をしています。なお、X社は仕入先Z社に対して、当月に商品の購入代金を全額支払う約束をしています。
> 当月のX社の利益はいくらでしょうか。
>
> **解答**
> X社の利益は：（250円－200円）×5,000個＝25万円

モノの売り買いを行う取引では、多くの場合、「利益」はモノの流れに基づいて計上されます。この例題ですと、X社に利益が発生するのはY社に商品を渡したときになります。よって、当月のX社の利益は、（250円－200円）×5,000個＝25万円となります。ということは、25万円の儲け（黒字）ですね。

次に、当月のX社のお金の動き（収支）を確認してみましょう。X

社は当月に商品代をＺ社に支払う必要があります。よって、当月の支出は200円×5,000個＝100万円です。一方、当月Ｙ社に売った商品の代金が回収されるのは2カ月後です。よって、当月の収入は0円です。したがって、当月のＸ社の収支を計算すると、0円－100万円＝△100万円となります。お金が増えるどころか、減ってしまっていますね。このように、企業の会計では「儲け」を表す「利益」は、必ずしもお金の増加を表しません。

　さて、ここで気になることがあります。当月のＸ社の収支は△100万円、つまり100万円の支出です。この100万円をどこからか調達する必要があります。Ｘ社の手元に十分なお金があれば問題ありませんが、もしＸ社の手元にお金がなかったら、どうしますか。銀行などからお金を調達しなければなりません。では、銀行などからお金を調達できなければ、どうなりますか。仕入先Ｚ社への支払いができませんから、資金ショートを起こしてしまいます。資金ショートということは、倒産です。

　このように、企業は、黒字でも倒産してしまいますし、逆に赤字であっても、資金ショートさえ起こさなければ事業を続けることができます。

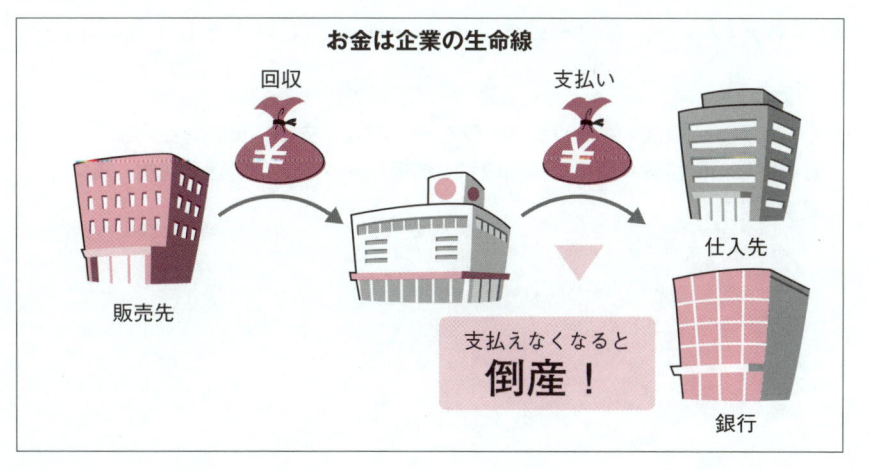

お金は企業の生命線

回収　　　支払い

販売先　　　　　　　仕入先

支払えなくなると
倒産！

銀行

6　お金を残す

　ここまで、個人と企業の両方の立場から、「いつ、どれだけのお金が入って、いつ、どれだけのお金が出ていくか」を意識することの大切さを一緒に見てきました。個人であっても企業であっても、収支のバランスを意識することは、「手元に自由に使えるお金が残ること」につながります。

　皆さんは、手元に自由に使えるお金が十分に残せたら、どうしますか。「結婚資金にする」、「老後の生活のために取っておく」、「何となく不安だから持っておく」、「自分へのご褒美にパーッと使う」など、いろいろな選択肢があります。また、収支のバランスを意識することによりお金を手元に残すことができれば、たとえ一時的に使い切ってしまったとしても、その後、同じようにお金を残すことができるはずです。

　世の中には、資格や恋愛相手などお金で買えないものがたくさんあります。一方で、お金で買えるもののなかにも、皆さんが欲しいものはたくさんあるでしょう。「お金がないから、欲しいものが手に入らない」ではなくて「欲しいものを手に入れるために、お金を残す」という考えのもと、お金を残すしくみを理解していきましょう。

関連する会計用語

キャッシュ　収支　キャッシュ・フロー　収入　支出　資金ショート
資金繰り　間接費　期日　信用取引　信用リスク　与信管理　利益　損失
黒字　赤字

12 カードのしくみ

1　カード利用の普及

　誰もが1枚は持っているカード。カードはなぜこれほどまでに普及しているのでしょうか。カード利用者（客）・カードを利用できる店・カード発行者などカード関係者のメリットはどこにあるのか考えてみましょう。

　カードにはいくつもの種類がありますが、代表的なクレジットカードと特定の会社の店舗でのみ使用可能な会員カードについて見ていきます。

2　会員カードのしくみ

　まずはガソリン販売の会社や百貨店が特定の顧客に向けて発行する会員カードについて見ていきましょう。このカードは後払いで決済できる特典がついているうえに、特別な割引価格等も適用されます。また、ポイントというのも多くの会員カードの特典です。いつも使う店が決まっている場合には大変有利なしくみです。なお、カードを利用するには発行会社の審査をパスする必要があります。

　発行会社からすると、カード利用者に対しては掛け（客の信用をベースとした後払い）で販売（信用取引）していることになるため、カードを発行する顧客の与信の管理は省くことはできません。しかし信用のおける顧客であれば特別価格や高率のポイントを付与することにより囲い込みができます。また顧客のカード利用状況を把握し分析することができるため、効率の良い販売促進策を立てられるメリットがあります。さらに自社で発行しているために事務コストは多少かかりますが、クレジットカードで必要となるカード会社への手数料は不

要であるため、運用コストは安く済みます。ただし代金回収のスピードは、クレジットカードに比べると遅くなるデメリットがあります。

会員カードの取引を次の例題で見ていくことにしましょう。

> **例題**
>
> ①7月20日に百貨店に行き、気に入った服があったので、定価の30,000円で買うことにしました。
> ②この百貨店の会員カードがあったので店員に「このカードでお願いします」と告げると店員は「会員カードでのお買い上げには10％の割引がついています」と説明してくれました。カードを渡して支払いを済ませ店員が示した買い上げ明細に署名する際に代金は10％引になっていることを確認しました。
> ③8月15日に百貨店よりカードの利用明細書が送付されてきて、「代金27,000円は9月10日に指定の金融機関の預金口座から引落としさせていただきます。」との記載がありました。
> ④9月10日に取引銀行のＡＴＭで普通預金通帳に取引を記帳すると27,000円が引き落とされていました。

この取引では買い物をどの時点でしたと認識し、どのように管理するのが良いのかを次の図で考えてみましょう。

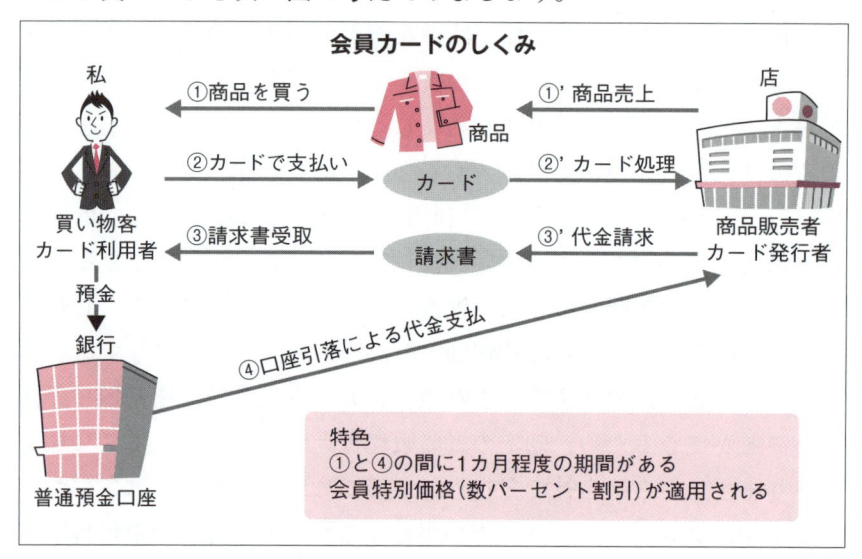

会員カードのしくみ

私（買い物客・カード利用者）
①商品を買う ← 商品 ← ①' 商品売上 ← 店（商品販売者・カード発行者）
②カードで支払い → カード → ②' カード処理
③請求書受取 ← 請求書 ← ③' 代金請求
預金 → 銀行（普通預金口座）
④口座引落による代金支払

特色
①と④の間に1カ月程度の期間がある
会員特別価格（数パーセント割引）が適用される

まず、お金を使った日はいつになるでしょうか。これは、9月10日ではなく、7月20日の商品を受け取った日がお金を実質的に使った日であると考えられます。そのため、買い物をしたことを忘れないように、手帳などにカード利用金額を当日の未決済残高（27,000円）とともに記録しておくのがよいでしょう。つづいて、この取引で客はいくら得をしたのでしょうか。カード利用により、購入商品定価の10％を値引きしてもらえるので、3,000円（30,000円×10％）安く買えました。よって、この分について得をしています。また実際の支払いは現金決済に比べると51日間遅らすことができたので、この間の資金にも余裕が生まれるといえるでしょう。

　では、店（百貨店）はいつ、いくらで売上を認識しているのでしょうか。百貨店では7月20日に27,000円の掛け売上があったと考えます。つまり、百貨店では通常の現金売上に比べてカード取引による値引額3,000円だけ売上が減り、儲けも同額減ることになります。つづいて、店（百貨店）はいつ現金を回収し取引を完了できるのでしょうか。百貨店では客の銀行口座からの代金引き落としが終了し、銀行から入金通知があった9月10日に取引が完了します。店の管理上は店指定の銀行口座に入金されたことを確認して取引を完了できます。ただし何らかの事情（客の預金口座の残高不足など）により引落しが遅れた場合には取引は完了しないままとなります。最悪の場合には代金が回収できないことになり儲けるつもりが大きな損失を被ることにつながります。

③ クレジットカードのしくみ

　つづいて、クレジットカードについて見ていきましょう。クレジットカードは上記の例であれば百貨店と客の間に代金決済を専門に取り扱うクレジットカード会社を介在させ、客には見かけ上何の影響もないように配慮したうえ売上代金をクレジット会社が百貨店に立替払いをすることによって手数料を受け取るしくみです。

　次の図を使ってクレジットカードを利用した場合の関係者のメリッ

クレジットカードのしくみ

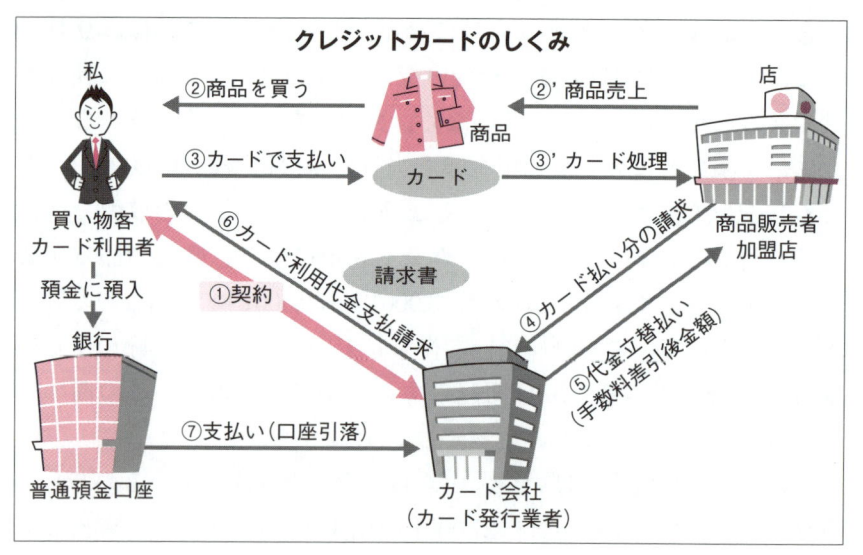

```
私 ②商品を買う ← 商品 ②'商品売上 ← 店
買い物客           カード        商品販売者
カード利用者  ③カードで支払い → ③'カード処理 → 加盟店
  ↓預金に預入   ①契約
  銀行    ⑥カード利用代金支払請求      ④カード払い分の請求
         請求書
普通預金口座  ⑦支払い（口座引落） → カード会社   ⑤代金立替払い
                                （カード発行業者） （手数料差引後金額）
```

トを考えてみましょう。

4　カード利用者のメリット

　まず、利用者は、カード会社にカードの発行を申請して会社の審査を経て利用に関する契約（①）を結ぶ必要があります。

　では、カード利用者にとってのメリットは何でしょうか。それは買い物をするときに現金決済（現金で支払う）すべきところを簡単につけ払い（掛け）にできることです。ただし買い物をする店が加盟店であることが必要ですが、最近ではほとんどの店は加盟店ですので事前に確認すれば問題はありません。

　高額な買い物をする場合や高級レストランで食事をする場合でも、カードがあればたやすく支払いを済ますことができます。支払いも上記②の買い物時点ではなく、⑦の代金決済時点ですので、この間、資金的に余裕が生まれます。つまりより多くの買い物が可能となります。クレジットカード利用客の場合、より高級な買い物や食事をする上客（お得意様）であることが期待されるので店側の接客も良くなるでしょう。

　客がカード発行会社の系列の百貨店を利用して買い物をする場合、

上記⑥の利用代金支払請求の際に送られてくるご利用明細書では多くのポイントがついていることが確認できます。さらに、系列会社のカード利用者に対しては割引制度の適用があり、たとえば５％の値引きをしてくる場合もあります。このようなメリットがあるので客はカード発行会社の百貨店を利用することが多くなります。また利用代金支払請求書には最新のイベントの案内や最新の商品カタログ等が同封されているのでファッション等の最新の情報が得られ、便利です。

5　加盟店など利用された側のメリット

　つづいて、加盟店のメリットを見ましょう。加盟店では、⑤代金立替払いのときに差し引きされる費用（手数料）が発生しますが、この手数料が会員カードの場合に加盟店が負っていた「代金回収ができないことによる損失の予想額」よりも少なければ儲けは増えることになります。店の資金繰りから考えても、決まった時期に確実に代金が振り込まれることに大きなメリットがあります。また、カードがなければそもそも高額な買い物や飲食をしないと考えられる顧客がいる場合には、これらの顧客による売上増加で発生する儲けから手数料を差し引きした額が儲けの追加分となります。

　次にクレジットカード会社のメリットを考えます。クレジットカード会社は全体的な事業運営にかかわる費用が手数料より少なければ儲けが出ます。ただし利用者の信用が低く、⑦の口座引落による決済ができないケースでは、回収のための手間が生じ、事務コストが増えることに加えて、回収努力もむなしく貸倒れ（回収できない状態）になってしまった場合には大きな損失を被る場合もあります。これがカード会社にとっての事業上のリスクです。事務コストの増加と貸倒損失の発生は儲けの減少を招きます。

　さらに、カード会社が加盟店の系列会社の場合のメリットはどうでしょう。加盟店が百貨店である場合、その系列会社が発行しているカードを利用してもらった場合には、顧客についての情報をカード会社と百貨店は共有し、支払請求を送るときに販売促進用の案内状等を

同封して購買意欲を刺激することができます。この方法は通常のダイレクトメールより郵送料が節約できることに加えて、顧客の購買動向等の情報を分析活用した効率的な販売戦略が可能となります。いわゆる顧客の囲い込みです。しかしながらこの形の優位性は、競合他社が同じようなしくみを作って追随してくると、メリットがなくなってきます。

6 カード利用者のカード利用上の注意点

　カードを利用する場合には、利用者自身の支払能力とカード利用料金未決済残高であるカード債務を比較して、常にカード債務が利用者の支払能力以内にあることを確認する習慣が必要となります。次表でカード債務を記録する様式のうち、カード使用日に危険信号を察知するケースを示しました。記録方法は「現金取引」、「預金取引」に加えて借金の発生である「カード債務」欄を設けてカード使用時点に認識し記帳する方法を示しています。この方法で処理すると、10月10日現在では「資金の残高」がマイナス（△40,000）になり危険信号が灯ったと考えるべきです。発生したマイナスの解消は今後の給料・ボーナスの確保と出費の節約によるしかないので、マイナスが出た時点で資金繰り計画を作ってみる必要があります。資金繰りができないのならば十分余裕のある状況でのみカードを使うべきでしょう。

クレジットカード使用の管理　　　　　単位：円

年月日	摘要	分類 番号	分類 項目	現金取引	預金取引	カード債務	資金の増減	資金の残高
10月1日	繰越			10,000	100,000	△80,000		30,000
10月5日	預金引出	①	預金引出	30,000	△30,000		0	30,000
10月8日	上着購入	②	衣料費	△20,000			△20,000	10,000
10月10日	家族で食事	③	外食費			△50,000	△50,000	△40,000
10月25日	給料振込	④	給料収入		30,000		30,000	△10,000
10月31日	月末残高			20,000	100,000	△130,000		△10,000

注　△印はマイナスを示す

7 カードを使うかどうかの選択

　では次に簡単な例題で利用者側から見て、カードを利用したほうが

得か、現金で支払ったほうが得か検討してみましょう。

> **例題**
>
> いつも会員カードで利用する百貨店で気に入った家具が100,000円の定価で販売されていました。家具専門店で見ると同じ商品が現金で90,000円で売られていました。どちらの店で購入するのが有利か検討してください。ただし百貨店での買い物では会員カードで支払うと定価から10％の値引きがあります。またカードの最終支払いまでの期間は平均60日と推定されます。

百貨店での会員カードでの買い物は定価の10％割引価格が適用されるので、実際の代金は次のようになります。

　　100,000円〈家具の定価〉－10,000円〈カード会員値引額〉
　　＝90,000円〈実際購入金額〉

家具専門店の90,000円と百貨店での購入金額は一致しますので、カード決済までの期間（この場合は60日程度）資金繰りが楽になることを考えると会員カードでの買い物が有利と考えられます。

つづいて、カードを利用してもらう側から、クレジットカード会社と契約して加盟店となった場合、店はいくら儲けが増えたと考えられるか見てみましょう。

> **例題**
>
> 当店は小売業を営んでいます。現金取引のみだと儲けはありません。当期から新規にクレジットカードに加入した顧客に対しては10％の値引きの特典をつける販売促進策を導入しています。なお、このクレジットカードは利用代金の5％を手数料としてクレジット会社に支払う契約となっています。この販売促進策が有効であったので新規クレジットカード利用客（計算の簡略化のため従来の顧客と重複しないと仮定します）から高級品（定価での利益率は40％）総額80百万円の追加購入がありました。当店ではいくら儲けが増えたのでしょうか。

4限目　あらためてお金について考えよう

> **解答**
> 増加した利益：
> 80,000,000円〈売上増加額〉×（40%〈利益率〉－10%〈値引率〉）＝24,000,000円
> クレジットカード会社の手数料：
> 80,000,000円〈クレジットカード利用代金〉×5%〈手数料率〉＝4,000,000円
> 増えた儲け：24,000,000－4,000,000円＝20,000,000円

　クレジットカード取引の取扱開始により売上が増えれば、増加した利益から手数料を差し引いた金額だけ儲けが増えることになります。よって、差し引き20,000,000円儲けが増えると計算できます。

　カードの利用にはその場での現金使用がありません。そのため、現金の持ち合わせがないときや高額の現金を持ち歩きたくないときなどは、利用者のメリットと加盟店やカード会社の儲けのしくみは両立します。しかし、いくら現金が要らないからといって、むやみに利用し、利用した金額の決済がされるときに預金残高が不足すると、信用がなくなるばかりでなく、最終的には借金となってしまうことに気をつけなくてはなりません。そのためには利用額の残高と決済期日の管理が非常に重要です。

> **関連する会計用語**
> 信用取引　認識　割引　値引　預金口座　カード債務　預金残高
> 未決済残高　資金繰り　決済　残高管理　債務管理

13 ポイントとは

1 消費者とポイント

　お金に有効期限があったら、どうしますか。
　もちろん、現実ではお金に有効期限などありませんが、似たようなものがあります。それは、「ポイントサービス」による「ポイント」です。最近では、いろいろなお店で共通して利用できるポイントや、有効期限のない永久不滅ポイントなどさまざまなものが出てきていますが、この「ポイントサービス」とは一体どのようなものなのでしょうか。
　「ポイントサービス」とは、物を買ったりサービスを受けたりして支払った金額や、来店回数などに応じて消費者に「ポイント」を付与するサービスです。ポイントサービスはスタンプカードから始まっています。当初の目的は販売促進策の一環でした。スタンプが貯まると、値引きや商品との交換ができるので、消費者はスタンプを貯めようとします。それがPOSシステムの普及にともなって、デジタル式のポイントカードが普及していきます。ここで、POSシステム（Point of sales system）とは、商品の販売が行われるときに商品の品名や数量の販売データを収集するシステムです。これによって、販売に関するさまざまなデータを集めて、管理できるようになりました。そして、航空会社が導入したマイレージシステムや、大手家電量販店が導入したポイントカードシステムなどによって、ポイントサービスが一気に普及していきました。
　ポイントの利用方法はさまざまです。景品と交換したりもできますが、一番多いのは商品を買うときにお金と同様に使うことではないでしょうか。つまりポイントを使ってお得に買い物ができるということ

でしょう。

　商品を買う場合を例題で見てみましょう。

> **例題**
>
> 10円で1ポイントがもらえる店で、1,000円の買い物をしました。何ポイントがもらえたでしょうか。また、1ポイントを1円として利用できる場合、次回300円の商品を購入するときに、ポイントを利用すると実際に支払う金額はいくらでしょうか。
>
> **解答**
> もらえたポイント数：1,000円÷10円＝100ポイント
> 実際に支払う金額：300円－100ポイント（100円）＝200円

　1ポイント1円で、100ポイント利用できるので、100円分の価値があることがわかります。消費者は、次回以降に買い物をするとき、代金のいくらかをポイントで賄うことで、実際に支払う金額を、ポイントを利用しなかった場合にくらべて少なくすることができます。つまり、値引きをしてもらうことと同じになります。値引きとは、企業が設定した値段を下げることです。例題ではポイントを利用しない場合次回買い物時に支払う金額は300円なので、100円分の値引きをしてもらったことになります。

　代金のいくらかをポイントで賄えるのであれば、消費者にとってはお金と同様の価値があるともいえます。通常よりも少ないお金で欲しかった物が手に入ると、得をした（割安）と感じますね。

2　ポイントはお金？

　ではここで、冒頭の質問を変えてみましょう。

　「今、ポイントが1,000円分貯まっています。有効期限は明日です。どうしますか？」

　おそらくほとんどの人が、今日か明日中にポイントを利用して買い物をしようとするでしょう。そこには、使わないと損をするという思いが生まれるためです。そして、気づいたら同じお店に何度も通って

いるという状況になります。これは、使える場所は限られますが、消費者がポイントをお金と同じように考えているからではないでしょうか。

　実際に、ポイントは値引きではなく、お店にお金を預けていると考えられる場合があります。たとえば、先ほどの例題でいうと、1,000円の買い物で100円をお店に預けていると考えるのです。つまり、実際は900円の商品を購入したのに、100円分を余計に支払ってお店に預金しているということです。そう考えると、次回買い物をしたときは、値引きではなく、預けた金額から支払っているだけだといえます。これは家電量販店などで実施されている方法といわれています。単純に考えると、家電量販店では低価格競争が激しいので、安く仕入れて安く売るため儲けが小さくなります。そこからさらにポイントで値引きを行うと儲けが発生しないおそれがあります。そこで、消費者がポイントを使って値引きを行っても、実際には過去に預かったお金から値引き分を支払うことで、企業は儲けに影響を与えないことができます。消費者もポイントで買い物をしたと思い、お得感を得てしまいます。このしくみでは、まさにポイントはお金といえます。

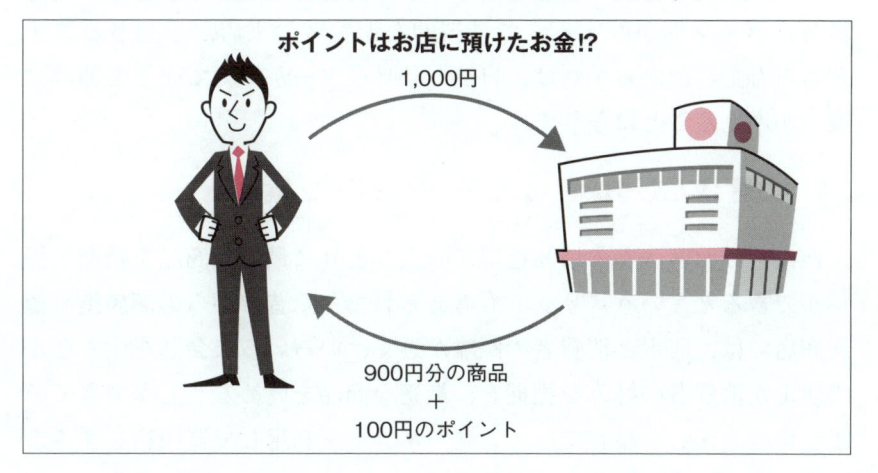

ポイントはお店に預けたお金!?
1,000円
900円分の商品
＋
100円のポイント

❸ 企業のポイントサービスのメリット

　ポイントサービスについて、ポイントを発行する企業の側から見て

みましょう。ポイントサービスによって企業には他にどんなメリットがあるのでしょうか。

　たとえば、A店とB店があるとします。昔からA店の常連であるとか、B店の雰囲気が好きといったように、こだわりのある消費者は、それぞれ好きなお店を選びます。しかし、何のこだわりもない消費者は、お店を選ぶ決め手がありません。ここで、消費者がどちらかのお店のポイントカードを持っているとしましょう。せっかくお金を払って商品を購入するのであれば、ポイントを使って支出するお金を抑えるか、ポイントを貯めようと考えるのではないでしょうか。つまり、ポイントカードがお店選びの決め手になるのです。これを、顧客の囲い込みといいます。この例からもわかるように、囲い込むのは、販売店舗にこだわりのない消費者です。

　また、現実にはポイントサービスにはさまざまな制限が存在しています。ポイントに有効期限をつけるのも制限の一つです。消費者はポイントの有効期限が切れる前に来店してポイントを使おうとするので、定期的に消費者が来店してくれることになります。また、一定量のポイントが貯まらなければ、ポイントが使えないものもあります。この場合、ポイントが貯まるまで継続的な消費者の来店が予想されます。どちらも企業側からすれば、自然とリピーターが増えて売上を伸ばす機会が増えることになります。

❹　お客さん（消費者）のデータ（情報）を集める

　他にも、お客さんの情報を得て一人ひとりに最適な商品を紹介・提供ができるとういうメリットも考えられます。昔ながらの商店街や個人商店では、店主と消費者の距離が近く、いろいろな会話をするなかで店主が消費者の好みを把握し、最適な商品を薦めることができていました。しかし、現在ではインターネットを利用して買い物をすることも多く、企業と消費者の距離は離れてきているといわれます。また、消費者のニーズも多様になっています。たとえば、スマートフォンは、少し前まではあまり種類がありませんでした。しかし、最近ではたく

さんの種類のスマートフォンが各社から出ています。スマートフォンの使い勝手の良さなどが注目され、利用者が増えると同時に、多様なニーズが求められるようになりました。このニーズに応えるために、現在では多品種少量生産が主流となっています。同じ製品を多く作るのではなく、種類を充実させるのです。企業側も膨大な製品のなかから、消費者の好みに合わせて商品を薦めるのも困難になります。そこで、企業は、ポイントカードを作成するときに氏名や年齢などの消費者の情報を登録して、一人ひとりの購買に関する情報を記録しておきます。そして、次回消費者が買い物をするとき好みを予想してお薦めの商品を紹介します。つまり、企業は過去の消費者の購買に関する記録を参考にすることで、必要な情報を消費者へ提供することができます。これによって、客の好みとお店の揃える多数の商品との間に存在する情報格差（情報の非対称性）を解消する効果が期待できるといえます。こういった点から考えてみると、企業は消費者の情報を得る対価としてポイントを発行しているともいえます。

また、消費者の購買に関する情報は、企業がどのような商品を作り売ったら良いのかなどの経営戦略を立案したり、営業活動を行ううえで重要な情報（経営資源）となります。

5　ポイントの処理

では、企業はポイントについて、会計でどのような対応（会計処理）をしているのでしょうか。会計での対応を考えるときには、はじめに物事の実態や状況をしっかりと理解する必要があります。たとえば、会計をカメラだと考えてみてください。被写体は企業です。できた写真はさしずめ、会社の状況を表す書類（計算書類・財務諸表）といったところです。会社の状況を表す書類は、企業に関わるさまざまな関係者の利害を調整するうえで重要なものです。

物事の実態や状況をしっかりと理解し、適切に対応しなければ、会社の状況を表す書類は作成できませんし、関係者の利害調整も上手くいきません。

会計は企業を写した写真

会社の状況を表す書類

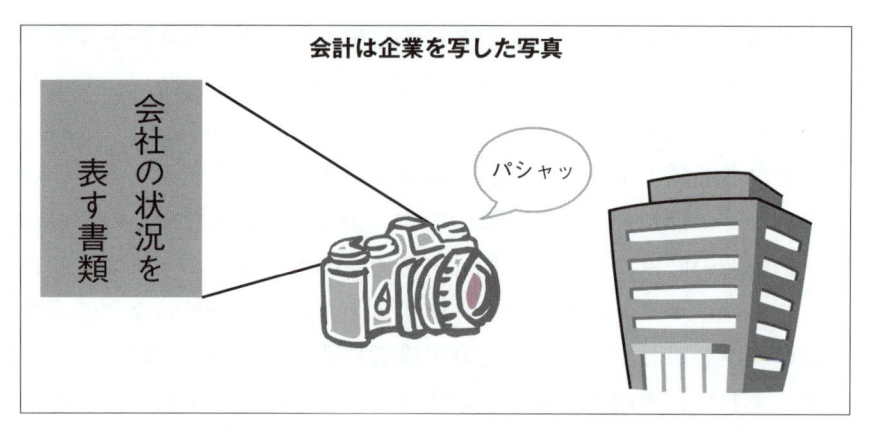

パシャッ

　ポイントの実態は、二つ考えられます。一つは、企業が設定した値段を下げる（値引き：収入の減少）と考えることです。二つ目は、消費者の購買活動を促すためにかかったお金（販売促進費：支出の増加）つまり、消費者の代金の一部を企業が負担していると考えることです。

　具体的に値引きと捉えるか、販売促進費と捉えるかでどう変わってくるのか最初の例題の数値で見てみましょう。

　なお、儲け（利益）は、商品を売って回収したお金（売上高）から、商品の仕入れるために支払ったお金（原価・費用）を差し引いて求めます。

> **例題**
>
> 売上高は初回（1,000円）と次回（300円）とをあわせて1300円、商品の原価は売上高の50%とします。初回売上に対して100円のポイントを付与し2回目に使われたとき、ポイントを値引きと考えた場合と販売促進費（原価の一部を構成する）と考えた場合の売上高、原価、利益を求めてください。
>
> **解答**
>
> | | ポイントがない場合 | 値引き | 販売促進費 |
> |---|---|---|---|
> | 売上高 | 1,000 ＋ 300＝1,300 | 1,200 ※1 | 1,300 |
> | 原　価 | 1,300 × 50%＝650 | 650 | 750 ※2 |
> | 利　益 | 1,300 － 650＝650 | 550 | 550 |

> ※1　(1,000＋300)－100(ポイント)＝1,200
> ※2　650＋100（ポイント）＝750

　まず、値引きをしたと考える場合です。値引きとは、定価を下げて値段を安くすることです。ですので、売り上げた金額1,300円から、ポイント分100円を差し引いて1,200円が売上高となります。原価は変わりませんので、利益は、550円となり、ポイントがない場合にくらべて、100円だけ利益が少なくなります。

　　　1,200円〈売上高〉－650円〈原価〉＝550円〈利益・儲け〉

　次に、販売促進費と考える場合です。販売促進にかかったお金は、売上を伸ばすために使ったお金だといえます。儲けを計算するためには、回収したお金（売上高）から、支払った金額（原価・費用）を差し引くので、販売促進費用も売上高から差し引くことになります。ですので、売上高は1,300円で変わりませんが、支払ったお金が100円増えるので、この100円と原価650円を足して750円が原価となります。利益は、550円となり、ポイントがない場合にくらべて100円だけ利益が少なくなります。

　　　1,300円〈売上高〉－750円〈原価〉＝550円〈利益・儲け〉

　ポイントの捉え方が異なることで、会計での対応は異なりますが、利益は同じです。利益が同じなら、どちらでも良いのではと思うかもしれません。しかし、企業の状況を適切に表そうとするのが会計です。たとえば、値引きとして対応すれば儲けを犠牲にしたことになりますし、販売促進費用として対応すれば、お金を支出して売上高を伸ばしたことになります。どちらが正解というわけではなく、ポイントの実態を適切に表したものが会計での正しい対応になります。会計では、一つの事象に対していくつかの対応方法が認められていることがあります。いくつかの対応方法のなかから企業の状況を適切に表す一つを選択するのは経営者です。

6 ポイントから、将来を予測する

　企業が行う会計での対応をもう少し続けます。先ほどの例では消費者がポイントを使った場合をあげましたが、消費者がポイントを使うまでの対応はどうなるのでしょうか。最初の例題でいうと、2回目の買い物で支払った200円に対して発行した20ポイント（200÷10＝20ポイント）です。

　値引きで考えてみます。ポイントを発行したあと、企業は次回以降に消費者が来店しポイントを利用するとき値引きをしなければいけません。ここに、企業側において将来値引きというサービスを行わなければならないという義務が発生することになります。そこで、この義務について会計で対応することが必要になります。ところで、世の中のすべての人がポイントを全額使うわけではありません。ポイントを使わない人やポイントの有効期限が切れてしまう人もいれば、ポイントが使える最低のラインまで貯めずじまいのこともあります。ここで、将来値引きを行わなければならない義務について、つまり消費者がどのくらいポイントを使用するのか予測する必要が生じます。なぜなら、必要のない義務まで会計で対応することは会社の状況を適切に表すことにはならないからです。この予測を、見積りといいます。

　見積りとは、前もって費用などを計算して、だいたいの目安をつけることです。将来を予測するために必要になるのが、過去に消費者がポイントをどのくらい使用したかという実績です。また、前述したポイントの有効期限なども、将来を予測するうえで重要な情報になります。

　以上から、会計では消費者が将来使用すると考えられるポイント分を過去の実績などから見積り、その見積り額を債務として捉えて、対応することになります。債務とは、企業が負っている義務です。たとえば、最初の例題で、消費者がポイントを使うかどうかは五分五分だとします。そこで、20ポイントのうち、半分の10ポイント（10円分）を債務として捉えることになります。

また、将来の予測は、見積もる人の主観で左右されないように、過去の事実やさまざまな情報を根拠にして客観的に行うことが大切です。好きなように決めた数字は企業の状況を適切に表さず、企業にとって都合の良いもの（粉飾）になるからです。

7　マイレージとは

　1でも少し触れましたが、ポイントが普及した形態の一つとしてマイレージがあります。マイレージとはどのようなものなのでしょうか。
　マイレージとは航空会社が実施するポイントサービスです。ポイントサービスでのポイントが「マイル」にあたります。マイルは、飛行機に搭乗することで貯めることができます。ポイントが、買い物をして支払った金額などに応じてもらえるのに対して、マイルは飛行機に乗った距離に応じてもらうことができます。貯まったマイルは、航空券や商品券との交換や、エコノミークラスからビジネスクラスへのアップグレードなどに利用できます。マイルの使いみちは航空会社ならではといえます。また、ポイントと同じように買い物をして貯めることもできます。マイルを貯めるにはマイレージカード作成するのですが、このカードにはクレジットカード機能もあります。このクレジットカードを利用して買い物をすることでマイルが獲得できるのです。

8　ポイントサービスの多様化

　最近では、ポイントを発行したお店だけで使うのではなく、さまざまなお店で共通して利用できるものもあります。これには「Tポイント」や「Ponta」などがあります。
　一体どのようなしくみなのでしょうか。
　たとえば、X店が発行するポイントをZ店でも利用できるとします。Z店において買い物をした消費者に100ポイントを発行すると、Z店はX店から100ポイントを仕入れるのです。ポイントを発行するX店では、1ポイント1円で利用できるとして、それを1.2円で発行（Z

店に売る）すれば、20円の儲けが出ます（1.2円×100ポイント－100ポイント＝20円）。なお、手数料という形で毎月一定額を支払うことも考えられます。

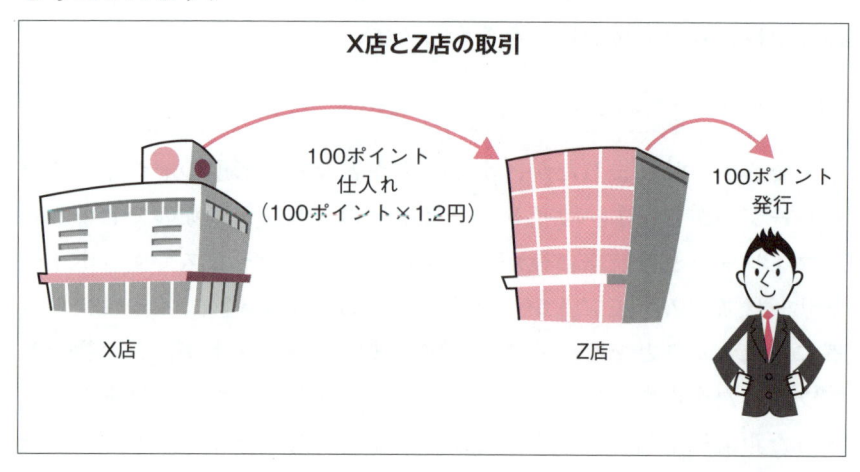

X店とZ店の取引

X店 ← 100ポイント仕入れ（100ポイント×1.2円） ← Z店 ← 100ポイント発行

反対に、Z店で100ポイントが利用されると、Z店は消費者から受け取った100ポイントをX店に買ってもらうことになります。このとき、X店が1ポイント0.9円で買うとX店には10円の儲けが出ることになります（100ポイント－0.9×100ポイント＝10円）。

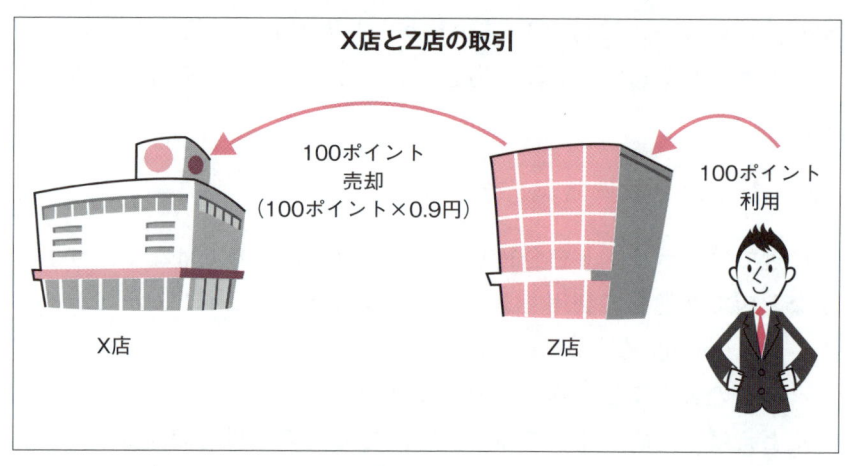

X店とZ店の取引

X店 ← 100ポイント売却（100ポイント×0.9円） ← Z店 ← 100ポイント利用

以上のように、ポイント発行会社はポイントを交換する際の、交換レートを操作することによって儲けを出しているのです。ポイントを売り買いしているともいえるのです。

では、共通ポイント利用加盟店は、お金を払うばかりで何のメリットがあるのでしょうか。

この共通ポイントを利用する場合でも、前述の企業のメリットが考えられます。つまり、顧客の囲い込みです。ポイントカードの存在がお店選びの決め手になります。加盟店からすれば新たな顧客を獲得できることになります。ここで、共通ポイントサービスでは、一業種につき一社であることが重要になります。コンビニを例にすれば、ファミリーマートでは「Tポイント」、ローソンでは「Ponta」、セブンイレブンでは「nanaco」といったように、別々のポイントサービスにしなければ、消費者の囲い込みはできません。

また、消費者の情報を得ることで、経営に役立てることもできます。これらは、前述の企業のメリットと同様です。

しかし、一番重要なのは、より多くの消費者にポイントカードを発行してポイントを利用してもらうことです。より多くの消費者を囲い込むことができますし、消費者の情報もたくさん得ることができるためです。たとえば「Ponta」は、GEOやローソンなどで利用できることを前提に運用が開始されており、それらの既存会員が移行することで開始時から約2,000万人の利用者が想定されていました。

もし仮に、自社独自のポイントサービスをゼロから構築しようとするとお金も時間もかかりますし、何より多くの消費者にポイントカードを浸透させることに時間がかかります。すでに多くの消費者が利用しているサービスに便乗したほうが、ゼロからシステムを構築する場合にくらべて、お金も時間もかけずにポイントサービスのメリットを得ることができます。

❾ 有効期限のないポイント

冒頭では、ポイントに有効期限があることを前提に質問をしました。しかし、有効期限のないポイントも最近では増えてきています。その例が「永久不滅ポイント」といわれるものです。

永久不滅ポイントとは、㈱クレディセゾンが発行するクレジット

カードなどを利用することでもらえるポイントです。また、同じく㈱クレディセゾンが運営するポイントサイト「永久不滅.COM」を利用することでも、もらうことができます。ポイントサイトは、登録すればセゾンカードを持っていなくても永久不滅ポイントが取得できるので、ポイント利用者を増やすことができます。これは利用者の利便性をより高める効果を持っています。

　ここで、有効期限がないということについて考えてみましょう。ポイントに有効期限があることで消費者がリピーターになることは前述しました。では、有効期限がないとどんなメリットがあるのでしょうか。消費者の側から考えてみると、クレジットカードやサイトでの使用金額や使用回数があまり多くない人にとって、ポイントが貯まる前に消滅するということがありません。そのため、消費者は有効期限を気にせず利用することにより、より大きなポイントを貯めて活用しようと考えますし、有効期限間内の利用を意識しないので、マイペースで使うことができます。

❿ ポイントを読み解く

　現在、多くの企業がポイントサービスを導入しています。何を買ってもポイントがついてきて、気づいたら財布の中にいろいろなポイントカードがある、という状態になっているのではないでしょうか。おそらく、これからも企業のポイントサービスは継続していくでしょう。また、マイレージや有効期限のないポイントなど、新たなしくみが生まれるかもしれません。企業は儲けることを前提にしているので、たとえば前述した家電量販店のように、儲かるためのビジネスモデル（経営形態）が構築されているはずです。消費者は、ビジネスモデルを理解し、企業の儲かるしくみを解明することで、よりお得な買い物ができるようになるかもしれません。

関連する会計用語

会計　値引　情報の非対称性　見積り　粉飾　利益　売上高　原価
計算書類　財務諸表　債務　販売促進費

5限目

今日の100円と明日の100円

14　回数券から考えるお金と時間との関係

15　出世払いってなに？

14 回数券から考える お金と時間との関係

1 お金の価値は変わらない？

　財布の中に入っているお金、たとえば1万円札について、どのような感覚で使っているでしょうか。もちろん、1万円のものを購入するときの代金として1万円を使うということですね。つまり現金を持っていればいつでも好きなときに買うことができ、1万円の商品の値段が変わらなければ、1年前の1万円と今の1万円は同じ価値であるといえます。では、お金の価値は時間がたっても同じなのでしょうか。回数券の例で考えてみることにしましょう。

2 回数券っておトクなの？

　皆さんは、回数券を利用したことがあると思います。回数券とは「毎回買う手間を省くために何枚かの乗車券・入場券・飲食券などが一つづりにしてあるもの。大抵は、幾分か割引になっている。」（新明解国語辞典）とあり、料金が割引になる、毎回購入する手間が省ける、便利でお得なものです。

回数券

たとえば、鉄道などでは1回200円の切符を、2,000円で11回分の回数券として販売しています。1回あたり2,000÷11＝約181.8円となり200円のところを約182円で乗れるわけですから約1割引になります。しかし、多くの場合は使用期限があり、期限内に使い切らないと、以後は使えなくなり、残りは無駄になってしまいます。そのため、1回あたりの金額が割安だからといって、1回しか利用する予定がないのに、回数券を購入することはありません。また、思っていたより利用回数が少なく期限内に使い切れないと考えられる場合に、期限前にディスカウントショップへ売ったとすると、そのときの買い取り価格が181.8円を超えていなければ、損をしてしまいます。友達にただであげてしまえば、まるまる損になります。

　さらに、手元に2,000円しかないのに2,000円の回数券を買ってしまい、他のものを買うチャンスを逃してしまうと、結果として損をする場合もあります。このように、回数券で常に得をするわけではないのです。

　回数券購入後、有効期限内に一定回数以上の利用が見込め、かつ、手元に十分なお金がある場合に、回数券を購入するのは得だといえるでしょう。つまり、回数券を買うときにはこれが得か損かを検討して、得をするつもりで購入しています。今、回数券2,000円分を前もってお金を払って購入すると、その後は2,200円分を使えることになるので、有効期限内に使いきれば、得をするしくみになっています。

　一見お得感のある回数券ですが、みんなが利用しているかというとそうではないようです。スイカ・パスモ・イコカ・ピタパなどの愛称で親しまれている電子カードが急速に普及してきています。チャージ（お金を前払い）しておけば1枚のカードでいろいろな路線に乗車でき、鉄道乗車だけではなく、買い物に利用できるなど利用者の利便性に訴えた形態のものになっています。

　なかには回数券の原理に近く、区間を指定しておけば利用回数等に応じて割引される機能も備わっているものもあります。ただしお金の価値で見ると10回で11回分ほどお得ではないようです。そこでさま

電子カードは便利

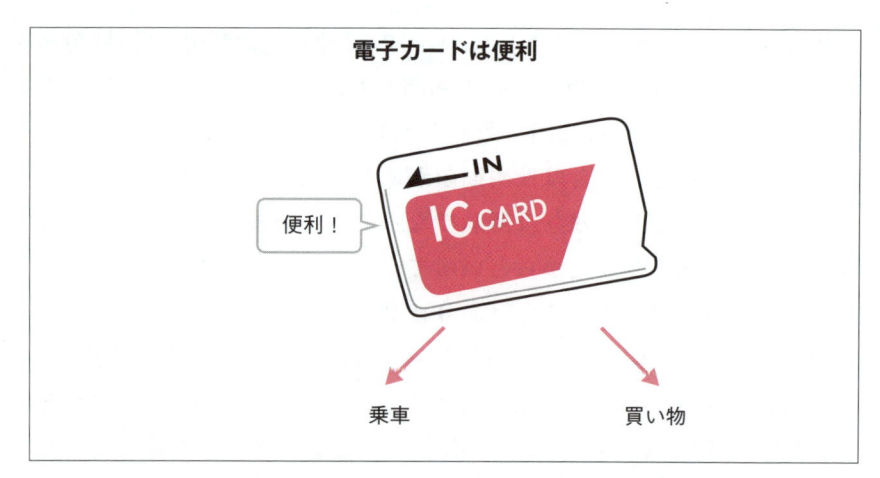

便利！
IC CARD
IN

乗車　　買い物

ざまなところへ行く営業マンなどは共通乗車券（関西圏におけるスルッとKANSAI等）や一日乗車券を購入して、利用することが普及してきています。磁気の裏面には乗車日や乗車区間・金額が印字されているので便利な側面もあります。

❸ では定期券はおトクなの？

　さらに、定期券があります。学生定期は割安なので、通学に鉄道やバスを利用するには圧倒的にお得です。しかし一般の定期券は１カ月定期で考えると、１カ月に20日、往復で計40回乗車すると想定した販売価格になっていることが多いようです。いま週休２日で考えると勤務日が20日間で同じ区間を乗らないと元がとれない（定期券を購入した金額分を利用したことにならない）ので、営業マンなどのように日によって訪問先が異なる場合などは定期券を持っていても支払った金額分を使いきれずに損をしてしまうことにもなります。

　さらにカード機能のついた定期券（定期券の機能も持たせたカード）も普及してきています。事前に入金チャージしておくことにより定期券の区間以外にも１枚で乗車できるような機能が付け加えられて便利になってきています。最近は別々の鉄道会社が相互に路線を乗り入れているので１枚で乗り降りできるのは便利です。その背後には鉄道会社の便利さを前に出すことでサービスの向上をはかって、儲けを

増やそうとする考え方があると思われます。便利にするためには、企業は改札機の性能を上げ、複数カードを読み取る機能を付け加えるなどのコストがかかり、かなりの設備に対する投資が必要になります。

　ただ、一枚の共通カードで日本中の鉄道・バスすべてに乗れるようになると利便性が高いのですが、なかなかそこまでいかないようです。どうしても今は複数枚必要になります。今後、利用客の利便性と各鉄道会社の儲けへの考え方、設備投資の金額を考えてどのような方向に進んでいくか興味深いところです。

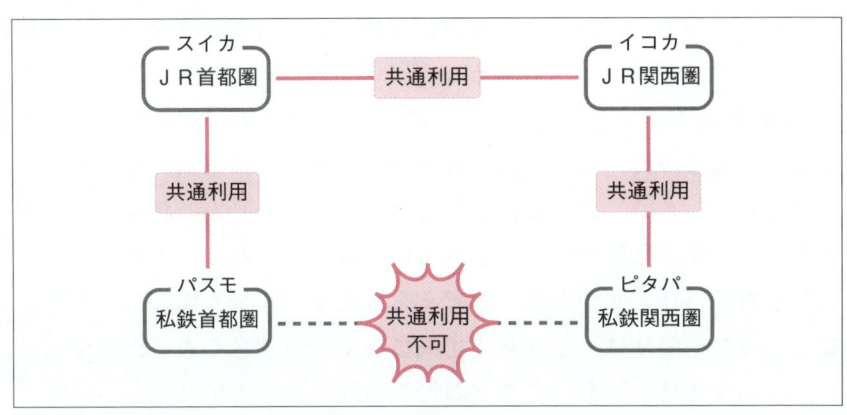

```
スイカ                         イコカ
JR首都圏 ──共通利用── JR関西圏
   │                              │
共通利用                     共通利用
   │                              │
パスモ       共通利用      ピタパ
私鉄首都圏 ─ ─不可─ ─  私鉄関西圏
```

　回数券や定期券を金額や便利さから考え、前もって支払うことによって、その後、得をしているしくみを説明して来ましたが、「前もって」というのはどういう意味を持っているのか、つづいて、お金と時間の経過との関係を考えてみましょう。

4　お金と時間の関係とは？

　一般的な感覚では、お金の価値は、額面で判断するものです。400円と500円とどちらが高いかと聞かれれば、500円のほうが高いと答えるはずです。しかし、これは同時点における比較の場合です。現在の400円と数年後の500円では、現在の400円のほうが、価値が高くなる場合があります。500円より400円のほうが、価値が高いなんて不思議ですよね。しかし、時間の経過によるお金の価値の変化（時間的価値）を考慮すれば、こういったことも起こり得るのです。

では、お金の時間的価値について見ていきましょう。お金の時間的価値って何だか難しそうですが、単純に考えることができます。明日のお金よりも、今日のお金のほうが実は価値があるということです

5 今日の1万円は1カ月後の1万円よりも価値がある？

具体的な例で考えていきましょう。

まず、今日の1万円を銀行に預金（投資）すれば、利息がもらえます（金利を稼ぐことができます）。しかし、現金のまま保有していると、1カ月後の1万円には不確実性を伴うことになります。1カ月後にはインフレーション（物価が上昇する状況です）・デフレーション（逆に物価が下落する状況です）の影響を受け1カ月前と同じ価値の一万円の商品が買えないかもしれません。また、無駄遣いなどで1万円を使ってしまい、なくなってしまうかもしれません。将来のことを予測するのは、見積りの要素があるので確実ではなく、予測と異なることもある（リスクがある）と考えられます。預金の場合は、銀行がなくならない限りは、とりあえず決まっている利息をもらえます（リスクはありません）が、あまりお得な状況とはいえません。

また、今日1万円をもらうのと1カ月後に1万円をもらうのをどちらかを選びなさい、といえば誰でも今日1万円をもらうほうを選択するでしょう。では今日1万円をもらうのと1カ月後に1万100円をもらうのをどちらか選ぶ場合はどうでしょうか。ここではどちらの選択も考えられます。買いたいものがあるとか、もっと殖やせる予定があるなら今すぐ1万円をもらっていいでしょうが、1万円を今もらって銀行に預金しても1カ月後に1万100円にはなりません。それは銀行預金の金利（利息を計算するための割合）が低いためで、それなら1カ月後に1万100円をもらうほうが得かもしれません。ここでは1カ月という期間を考えにいれました。これが時間の経過を考慮するということにつながります。

6 金利とは？

では次に金利について考えてみましょう。現在の日本では、しばらく金利が低い状態が続いていますから、日頃金利を意識することは、少ないかもしれません。銀行により異なる場合もありますが、普通預金の利息を年0.02％としましょう。利息を計算するこの値を金利といいます。0.02％とは、銀行に普通預金で100万円を預け入れて、1年間で200円の利息がつくということです（税金等が差し引かれ、実際に受け取る金額はもっと少なくなります）。1970年代の高度経済成長期には、年間の利息（年利といいいます）8％の時代もありました。年利8％ですと、1年間で80,000円の利息がつきます。現在とは格段の差ですね。さらに、長期間預け入れる場合なら、金利は複利計算で計算するのが一般的ですから、年利8％だと10年後には約210万円と2倍程度になります。銀行に預けるだけで約100万円の儲けです。ただし、高い金利の世の中では、お金を借り入れる場合の金利も高い水準になります。それだけお金の流通量が多くなると使おうという意識も強くなって実際に使われるため、消費が盛んになり経済が成長して、インフレ（物価が上昇していく状況。それにあわせて給与の水準も上がっていくことが想定されています）も起きますから、10年後に受け取る100万円では、現在の100万円で買えたものが買えなくなるなど、価値が下がってしまう可能性もあります。仮に金利が8％の場合、現在の100万円と10年後の210万円の価値を比較してみると価値が下がったとは言いにくいかもしれませんね。つまり、お金の時間的価値を意識しておくことが重要なことがわかります。なお、複利計算とは元のお金についた利息を元のお金に加えて合計額を次の期間の元金として利息を計算する方法のことをいい、利息が利息を生んでいくため、利率が高い場合は金額が増大していきます。ただ、0.02％の場合は次表にあるとおり、単利計算とほとんど差が出ません。

	0.02%	8.00%	
現在	1,000,000	1,000,000	①
1年後	1,000,200	1,080,000	
2年後	1,000,400	1,166,400	
3年後	1,000,600	1,259,712	
4年後	1,000,800	1,360,489	
5年後	1,001,000	1,469,328	
6年後	1,001,200	1,586,874	
7年後	1,001,400	1,713,824	
8年後	1,001,601	1,850,930	
9年後	1,001,801	1,999,005	
10年後	1,002,001	2,158,925	②
②−①	2,001	1,158,925	

複利計算とは、利息を加えて新たな利息を計算するしくみです。
（1,000,000＋80,000）×0.08
　　　　　　　　　　＝86,400円
（1,080,000＋86,400）×0.08
　　　　　　　　　　＝93,312円
上記のように利息も年々大きくなっていきます。

単利計算は、利息を考慮しませんので0.02％の場合
1,000,000×0.02％×10年
　　　　　　　　　　＝2,000円
利息の総額は2,000円になります

②が10年後の総額①は開始時の元金ですので差し引いた②-①が利息の総額になります。

7　金利の働き

　さて、お金の時間的価値について見てきましたが、金利というものが大きな働きをしているようです。金利と聞くと難しいイメージをお持ちかもしれません。確かに金利の変動を予測するとか、難しいところも多々あります。しかし、金利と無関係に生活している人も少ないことも事実です。毎日、ネット・テレビ・新聞のニュースでは、金利・株価・為替レートについて報道しています。これは、多くの人や会社が、これらの変動によって大きな影響を受けるからなのです。ここで、金利について整理してみましょう。

　金利は、景気と密接に関係しています。好景気では、金利は上昇し、不景気では、金利は下落するといわれています。さきほど、1970年代の高度経済成長期には、年利８％の時代もあったと述べました。現在は、超低金利時代です。なぜこのようなしくみになっているかというと、金利はお金の需要と供給、言い換えれば、必要な額と市場に流

通している額とのバランス関係で決まってきます。好景気では、作ったものがどんどん売れて儲かるため、働いている人の給料も上がります。そのため買う意欲も高くなり、お金が多く出回ります。結果として、金利が高くても利息を支払う余力が生まれてくると考えられているからです。このお金は、日本国内だけではなく、世界中を駆け巡ります。

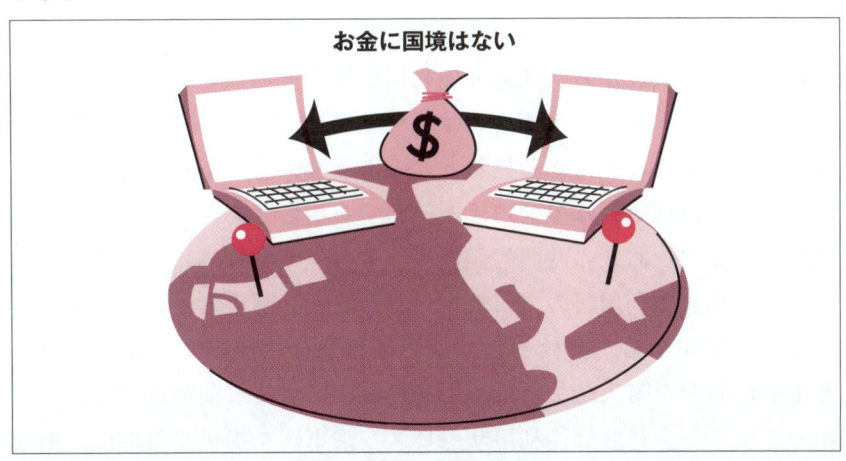

お金に国境はない

　資金に余裕があれば、高い金利の国に預金するほうが利息も多くなるので得になります。しかし日本では円、アメリカではドル、ヨーロッパではユーロと通貨が異なります。この交換比率が為替なのですが（為替については「❹お得な海外旅行のしくみ」で説明していますのでそちらを参照してください）交換比率は変動するため、ユーロで得をしていても、円に直せば損をしてしまうということも起こります。

　また、金利は物価とも関連しています。物価が上昇するインフレの局面では、金利も上昇します。モノの価格が上がるわけですから、従来のお金で買えるモノの数は少なくなってしまいます。お金の価値は下がりますが、銀行に預けておけば、金利も高く利息も増えるので、お金も増えると考えることができます。今は、ゼロ金利ともいわれるように銀行に預けておいて得られる利息よりも、1回の引き出し手数料のほうが高いという時代です。お金を銀行に預ける場合、銀行によって金利差はほとんどないので銀行を選択する誘引にはあまりなら

5限目　今日の100円と明日の100円

⑭　回数券から考えるお金と時間との関係

ないようです。お金が手元にある場合に銀行に預けるだけでなく株などを含めてどのように運用するのか、将来得られる時間的価値を考えて決めるのも必要な知識になります。

❽ 電子化を考える

　回数券から始まって、金利や時間的価値の話をしてきました。回数券がお得なのはわかってはいますが、先ほども触れた共通カードや電子カードの利便性から、回数券の利用は増えていないといえるでしょう。電子カードは利用者側からは便利で都合がいいのですが、発行会社側（利用される側）から見るとどのようなメリットがあるのでしょうか。まず、利用料は事前にチャージする場合とあとから回収する場合があります。お金の時間的価値は、この点で会社側にも影響します。回数券の購入や利用料の事前チャージの場合、購入者はお金を前払いします。ですから、会社としては切符11回分に該当する10回分のまとまったお金を購入時または利用初日に手にする（前受けする）ことができます。会社側は、利用サービス（乗車）を提供する前に、使うことのできるお金が増え、仕入先への支払い、借入金の返済、設備等の購入（設備投資）などに充てることができ、経営がしやすくなります。また、回数券の発行により、発行分の利用を見込むことができます。たとえば、鉄道の場合、乗客が1人や2人増えたり減ったりしても、電車を運行するための費用は基本的に変わりません。それならば、1人でも多くの人に利用してもらえればその分だけ儲かります。時差回数券（平日の昼間の限られた時間だけ利用できる回数券ですが10回分の値段で14回利用できるケースなどもあります）などは、利用者の比較的少ない時間になるべく利用者を増やすために発売しているものです。

　一方、あとから回収する場合、回収までに時間がかかるわけですから時間的価値や金利を考えればあまり得するとはいえません。この点ではカードの電子化（ICカード）につき、会社側にはあまりメリットがないのでしょうか。お金の側面ではメリットが薄いのですが、電

子化による別のメリットがあります。

　まず利用者の記録（利用日時・利用区間・経路など）が会社側に残ることがあげられます。これにより、利用者の傾向が分析可能となります。これらのデータを利用して、サービスの増強を目指すには、どの時間帯やどの区間に投資をすれば効率的かなどの情報が集まることになります。さらには囲い込みと呼ばれるもので、同業他社より利用が見込める効果があります。たとえば都内から横浜へ行く場合にはいくつものルートが考えられます。Ｃ電車を使ってもＤ電車を使っても行けるなら、普段から使っていて、カードも持っているＣ電車で行こう、と考えたとします。これをＤ電車から見てみると、お金の動きはありませんから、儲かっても損もしていない、プラマイゼロだろうと思ってしまいます。しかし、Ｄ電車は、Ｃ電車を利用しなかったなら得られたであろう利用料金を逃して（機会損失）しまっていると考えることもできます。最近のＩＴ化は、従来の紙の情報より利便性が高く、情報量が多く、またその結果をさまざまに加工して活用できることから、急速に普及していますし、また各社、普及に力を入れているといえるのです。

関連する会計用語

現在価値　複利計算　キャッシュ・フロー　規模の経済　トレードオフ
経営資源　前払い　前受け　金利　支払利息　インフレ　デフレ　機会損失
時間的価値　ＩＴ化

5限目　今日の１００円と明日の１００円

14　回数券から考えるお金と時間との関係

15 出世払いってなに？

1 出世払いってなに？

　食事のお勘定をするときに、後輩が少しでも自分の分を支払おうと申し出たところ、先輩はおもむろに手を振りながら、「出世払いでいいから」と勘定を済ませて颯爽とお店をあとにする、などという姿を見ることがあります。また、古き良き時代の飲食店の経営者が、まだ世に出ていない芸人や俳優の飲食代金を、「出世払い」として、請求しなかったという話を聞くこともあります。後輩思いの先輩や飲食店の経営者の言葉にある「出世払い」とはどういった考え方なのでしょうか。

2 ツケによる信用の付与

　商品を購入する場合、手元の現金と引き換えにするのが一般的ですが、少し金額が多額になり、相手も自分のことをよく知っていると、商品は当日入手したとして、支払いは来月末でいいというように、一定期間支払いを待って（猶予して）もらえること（買掛金）があります。購入者にとっては支払いを猶予してもらったことになりますし、お店にとっては将来お金を支払ってもらえる顧客であれば、本日もらえるはずの現金をあきらめ、一定期間後に現金をもらうこと（売掛金）になります。これがいわゆるツケであり、お店は顧客を信用することで受取りを後日とし、顧客はお店から信用を得ることによって、支払いをあとにすることができます。ツケはお店と顧客の信頼関係から成り立つ約束（契約）であり、期日には必ず支払いを行う必要があります。もちろん、将来の支払いが行われるかどうか信用できない人に対して商品を販売する場合には、ツケにはできず、現金と引き換え

に商品を引き渡すことになります。少々支払いが難しいと思われる人に対しては、半分は現金で受け取り、半分は将来に支払ってもらうといった対応をする場合もあります。どの程度を現金でもらうのかは、その人物がどれぐらいのお金を支払う能力があるかおよび約束を守る人物かどうかによって、変わってくるところです。このように、ドライな話ですが、往々にしてツケを認めるお店は顧客をランクづけし、そのランクに応じて支払いを猶予できる金額（与信限度額）を決めています。ツケをどの程度認めるかは、お店が顧客に対して、どのような評価をしているかを反映しているものと考えられます。

ツケが可能な金額

3 お金はいつ出ていくのか、入ってくるのか

　どうしても欲しかったビンテージ物のジーンズを偶然見つけたときのように、そのときしか買えない商品があったときには、お金がなくてもツケが利用できれば、商品を購入することができます。将来的にお金が入ったときに代金を支払うことになるため、その場ではお金が減ることはありませんが、将来お金が入ってもそれは支払いに充当されるため、別の用途に使うことができません。

　給料日前の懐がさびしいときに、ツケで買い物をしてしまい、給料が入っても買い物代金の支払いのため、金欠状態から脱却できない、

5限目　今日の100円と明日の100円

⑮ 出世払いってなに？

なんてこともあるかと思います。収入を超過するような買い物をしてしまい、支払いができなくなることを回避するためにも、毎月の入金と出金については把握しておくこと（資金繰り）が必要です。

　お店側としては、ツケを客から支払ってもらえるかどうかが重要な問題となり、どの客に対していくらのツケがあり、いつ支払ってもらえたかを継続して把握していくことになります。特に、ツケを回収できなかった場合にはお店にとって非常に痛手であり、ツケの回収を別の支払いに充当しようと考えていれば、別のところからお金を用意（調達）しなければなりません。ツケは満額回収されることが前提ですが、客が病気になったり、事故にあったりした場合に収入が途絶えてしまうため、ツケが回収されないこと（貸倒れ）も起こり得ます。このように、お店が客に対してツケを認める場合には、回収されないかもしれない危険にさらされることになります。お店としては、ツケを間違いなく回収されるもの、回収できない可能性があるもの、回収できないものに分けて、細かくその回収状況を見ていくことになります。

❹　出世払いは投資か

　お店の立場からすると、「出世払い」は現在の収入をあきらめることによって、将来多くの収入が獲得されると期待するので、一種の投資というように考えることができます。投資といえば、金や不動産のような売買することができる資産を購入し、将来それらの価格が上がったときに売却することで儲けを得る行為や、国債を購入し、毎年その利子を受け取り、一定期間が経過したときに当初支払った金額の払い戻し（償還）を受けることなどがあります。また、上場している会社の株式を購入し、その会社が儲かればその一部を配当として受け取り、購入価格よりも高い値段で売却することができる場合には株式を売却することで儲けを得ることも投資の一種です。広い意味で投資とは、現在支出したお金が、将来的にそれ以上の回収額となることを目的して行う金銭の支出を意味します。そして、投資には支出したお

金はほぼ確実に回収されるけれども、多くの果実（利益）が得られないようなものから、回収されるかどうかわからないけれども、期待どおりの成果を上げた場合には当初支出の数百倍にもなるようなものまで、非常に多くの対象があります。

　たとえば、現在100万円のお金がある人が、これをすべて銀行に普通預金として預けると、年間0.02％（200円）の利子がつきます。償還されるまでの期間が10年の国債であれば、毎年1.0％（1万円）の利子がつきます。また株式を購入すると、平均して3.0％（3万円）の配当が得られます。現実はこれらから税金等が差し引かれますが、同じお金を預けたとしても、預け先によって受け取るお金の金額が大きく変わってきます。この違いは何でしょうか。これは、リスクとリターンという考え方から説明できます。ほぼ確実にお金が回収できるような投資にはそれほどの旨味がないこと（ローリスク・ローリターン）、一方、たくさんのお金を回収しようとすると、もとの投資したお金がなくなってしまう可能性が高くなるということ（ハイリスク・ハイリターン）を意味しています。普通預金はいつでもキャッシュ・カードで引き出すことができ、仮に銀行が倒産してしまっても、その預金は一定額まで確実に払い戻されることになっています。国債もあらかじめ決められた日（満期日）に支払った金額（購入金額）が返済される（償還される）ことがほぼ確実ですが、長い間持ち続けないと利子がもらえず、満期日に国にお金がない場合には、購入金額のすべてが返済されないこともあります。このため、いつでも引き出すことができて、銀行が倒産しても保護される普通預金よりももらえる利子が多くなっています。現在のところ、日本が借金を支払えなくなる可能性はほとんどありませんが、欧州の一部の国のように、国の借金が多くなってくれば、その返済が困難になる可能性があります。借金の返済が難しくなればなるほど、多くの利子を支払わなければなりません。

　また大規模なビジネスを行う場合、一人がその全額を用意することは難しくなりますので、たくさんの人から少しずつお金を集める必要

があります。このようにしてお金を集める場合に、お金を出してくれた人（株主）の権利を表したものを株式といいます。会社が儲かれば、たくさんの配当をもらえるため、その会社の株式の人気は高まり、以前より高い値段（株価）で売買されることになります。半面、会社が儲からなくなり、赤字が続くような状況になれば、もらえる配当もなくなり、このような状態が継続すると会社は倒産してしまいます。会社が倒産すれば株式は何の価値もなくなってしまいます。このように、会社の株価は、会社が今後儲かるかどうかに左右されます。将来を予測するのは難しいことから、国債よりも高い配当を支払わないと株式を買う人がいなくなってしまいます。このため、株式の配当は国債の利子に比べて相対的に高くなっています。

普通預金、国債、株式の未回収のリスク

	価格の変動	投資額の回収
普通預金	×	○
国　　債	△	○
株　　式	○	△

・普通預金は価格は変動せず、預け入れた金額が回収可能
・国債は価格の変動はあるものの、投資額はおおむね回収できる
・株式は日々価格の変動があり、投資額が必ず回収されるとは限らない。

　店主が「出世払い」によって、これから活躍すると見込んだ人物に対して、料金を受け取ることなく飲食物を提供することを広い意味での投資と考えれば、いくらぐらいまで飲食を提供するのか（投資の金額）、将来活躍してその人物や関係者が何名ぐらい来店し、お店に紹介してもらえるのか（リターン）、またその人物が成功する確率はどのくらいかを検討することが必要になります。

5 現在の5,000円と将来の5,000円の比較

「出世払い」を投資として考えたとき、今日提供した5,000円の食事は、1年後に出世して今度はお店でお勘定を支払っていただく場合に、同額の5,000円でよいのかどうか、考えてみましょう。もしそのお金を銀行に定期預金として預け入れ、1年後に払い戻して食事代金に充当

すれば、その間の利子を受け取ることができるため、5,000円以上の支払いになるものと考えられます。つまり、将来もらえるはずのお金より現在手元にあるお金のほうが、何かに投資して利子を得ることができるため、価値が高いということができます。仮に定期預金の金利を3％とすれば、1年後に受け取る金額は、以下のようになります。

　　　5,000円 ×（1＋3.00%）＝5,150円

　よって、現在の5,000円は、1年後には元本の5,000円と利子150円の合計5,150円に相当することになります。

　現在の金額と将来の金額を比較する場合の一つの考え方として、上記のように、現在の金額が将来いくらになるか（将来価値）を計算する方法が考えられます。

　もう一つは、将来に支払うべき金額をもとに、現在支払うのであればいくらになるか（現在価値）を計算する方法があります。

　　　5,000円 ÷（1＋3.00%）＝4,854円

　この例では、1年後の5,000円は現在の4,854円に相当することになります。利子を考慮すれば、1年後の5,000円は現在の5,000円よりも、146円小さくなります。

　本年に投資して、将来の期間で投資したお金を回収する場合には、現在のお金のほうが将来のお金より価値がありますので、これらを同一時点の金額で換算することが必要であり、将来の金額を割り引き、現在の金額ならいくらかを算定して比較することになります。現在の利子が高ければ高いほど、将来受け取る金額は大きくなり、将来の金額の現在価値は小さくなります。利子が10％であれば、現在の5,000円は1年後には5,500円（5,000円×（1＋10.00％）＝5,500）円になり、1年後の5,000円は現在の4,545円（＝5,000円÷（1＋10.00％））＝4,545円となり、455円小さくなります。利子が10％から3％に下落すれば、1年後の5,000円の現在価値は309円（＝4,854円－4,545円）大きくなります。

　また、将来の期間が長ければ長いほど、将来価値は大きくなり、現在価値は小さくなります。

5限目　今日の100円と明日の100円

⑮ 出世払いってなに？

将来価値と現在価値

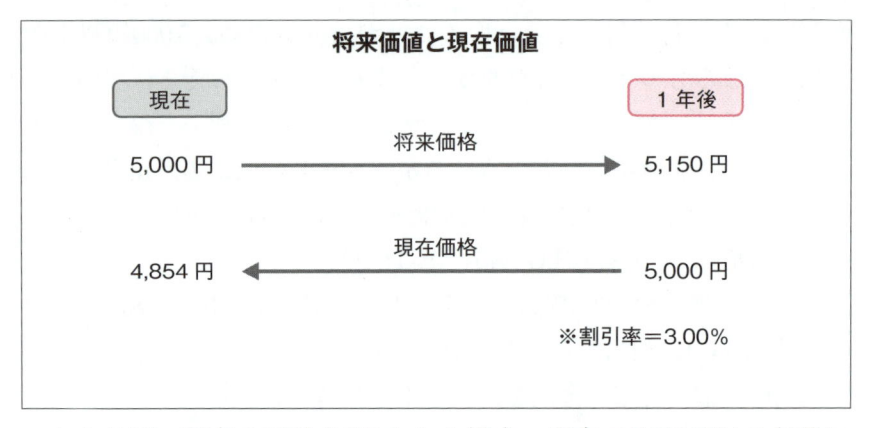

現在　5,000円　──将来価格──▶　1年後　5,150円

4,854円　◀──現在価格──　5,000円

※割引率＝3.00%

　たとえば、現在の利子を3%とした場合、現在の5,000円は5年後に5,796円になります。

　5,000円×(1＋3.00%)×(1＋3.00%)×(1＋3.00%)×(1＋3.00%)×(1＋3.00%)＝5,000円×(1＋3.00%)^5＝5,796円

　また、5年後に受け取る5,000円の現在価値は4,313円になります。

　5,000円÷(1＋3.00%)÷(1＋3.00%)÷(1＋3.00%)÷(1＋3.00%)÷(1＋3.00%)＝5,000円÷(1＋3.00%)^5＝4,313円

　現在の金額と比べる将来の金額までの期間が長ければ長いほど、現在の5,000円の将来価値は大きくなり、逆に将来の5,000円の現在価値は小さくなります。

6　利子計算の考え方

　定期預金に預け入れた利子の計算において、上記の例では毎年に支払われる利子に対しても利子が支払われるとして計算（複利計算）しています。これはずっと預金を引き出さず、銀行に預けたままにしておくことを前提にしています。他の考え方として、社債などのように当初支払った金額に対してのみ利子を計算し、毎年支払われる利子に対しては利子を支払わないとして計算する方法（単利計算）もありますが、現在と将来の価値を比べる場合には、複利計算を採用します。そのため、預け入れる期間が長期になればなるほど、利子の影響が大きくなっていきます。店主が出世払いを長期にわたり許容した場合に

は、供与してもらった金額に時間の経過分に対応する利子分を加えて、将来の勘定を支払うようにすべきことに気をつける必要があります。

7 投資の成果を測る

　このように、お金の動きを見る場合、現在の状況に加えて、将来の情報も含めて考える必要があります。たとえばツケが返済されない場合の損害を見積もることなどがあげられます。なお、「出世払い」とは本来、人の善意を表すニュアンスの言葉です。お金がない人が何かに向かってチャレンジしている状況において、あからさまに資金の提供を申し出ることは相手の気が引けるので、「出世払い」として受け取りやすい状況を作り、本人の自覚と努力を促すという日本人の一つの英知を表した用語であると考えられます。

> **関連する会計用語**
>
> 売掛金　買掛金　与信限度額　契約　投資　株式　株主　国債　償還日
> リスク　リターン　将来価値　現在価値　複利計算　単利計算　資金繰り
> 調達　貸倒れ

6限目

儲けやお金のしくみを応用すると

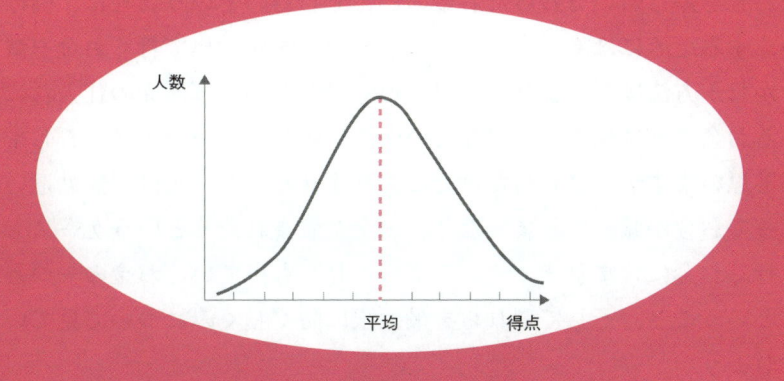

16 何を信用して行動するか？
17 実用性インナーとブランド価値
18 中流階級はいない？

16 何を信用して行動するか？

1 儲けを出すためには

　フリーマーケットに参加するときや模擬店を運営するとき、できればたくさんの儲けを出したいと思いますよね。儲けを多く出すためにはどうすればよいのでしょうか。儲けは、入ってくるお金から支払ったお金を差し引いて残ったお金のことでした。ということは、儲けを多くするためには、入ってくるお金を増やすか、出て行くお金を減らすかしか方法はありません。出て行くお金といえば商売の仕入れにかかるお金や電気代やガス代などの生活に必要な経費がイメージしやすいと思いますが、これらだけではありません。たとえば、無駄遣いによってお金が減ってしまったり、お金を盗まれたりというケースも出て行くお金に含まれます。ここではこれらも出ていくお金の一つとなるということ、そしてこれらを最大限に防ぐしくみについて見ていきましょう。

2 具体的なお店を例に

　では、具体的なお店を例にして見ていくことにします。

> **例題**
>
> 3人でクレープ屋を開くとします。仕入れを担当している人がクレープを1個200円で仕入れてきて、1個300円で売るとします。1日で10個売れました。儲けはいくらになるでしょうか
>
> **解答**
> 儲け＝入ってきたお金－出て行ったお金
> 　　　＝300円×10個－200円×10個＝1,000円

儲けは入ったお金から出ていったお金を差し引いて計算されます。1個売ると入ってくるお金は300円、仕入れで支払うお金が200円ですので、1個売ると100円の儲けが出ることになります。また、仕入れ以外にお金がかからないのであれば、売る個数が増えれば増えるほど儲けは増えていきます。しかし、もし下のようなことが起きてしまうと儲けはどうなってしまうでしょうか。

> **例題**
>
> ①仕入れ担当者は仕入れの際にお金を立替払いして、あとで立て替えたお金を精算していました。仕入の値段は実際には200円でしたが、仕入れを担当した人が250円と勘違いし、立て替えたお金を多く請求していました。
> ②儲けたお金のなかから勝手に飲食代として、500円が支払われていました。
>
> **解答**
> 儲け＝入ってきたお金－出て行ったお金
> 　　＝300円×10個－（250円×10個＋500円）＝0円

　売る値段が300円で、仕入れた値段が200円なので、絶対に儲かるはずでしたが、このような勘違いによって支払いが増えてしまったり、取引と無関係なところでお金が使われてしまうと、頑張ってクレープを売ったとしても、儲けがなくなってしまいます。

3　間違いや無駄遣いは必ず起きる

　例題を見てそんな間違いや無駄遣いは、そんなに起こることでないのではないかと思うかもしれません。確かに支払う金額を間違えたり、無駄遣いをしてしまうことがごくまれにしか起きなければ、儲けにあまり影響を与えないので、それほど大きな問題にはなりません。しかし、これらのことはよく起きるといっても言い過ぎではないのです。人間は間違いをゼロにすることはできません、計算ミスや書き間違いなどいろいろな場面でミスは起きます。特に疲れている場面など集中

力が欠けているときにはどうしてもケアレスミスが起きてしまいます。また、無駄遣いについてもゼロにすることはできません。いろいろな誘惑があり目の前にお金があると少しぐらい使ってもいいかと思ってしまうものです。それはまじめな人であっても起こりうることです。

❹ 会社でも無駄遣いが起きる？

個人レベルでの間違いや無駄遣いは必ず起きてしまうものです。それなら、ほとんどの会社が間違いや無駄遣いによって儲けを少なくしてしまっているのでしょうか。答えはノーです。会社でこのような間違いや無駄遣いが起きていると儲けがなくなってしまうため、それが避けられないのならば、無駄遣いや間違いが起きないようにするルールや、無駄遣いや間違いが起きれば発見してくれる役割を作っているからです。例題のクレープ屋でもしっかりとしたルールや役割を決めていれば、儲けがなくなってしまうことを防ぐことができたでしょう。

❺ 学園祭で儲かるか損をするかの二つの視点

模擬店をやるときには会計担当者を決めることが多いと思います。先ほどのクレープ屋では会計担当者を決めていませんでしたが、実は会計担当者は無駄遣いや間違いを減らすために重要な役割を果たしています。会計担当者の役割について、詳しく見ていきましょう。

会計担当者の役割は、お金を管理することです。管理というと難しいように感じるかもしれませんが、要はお金がどれぐらい入ってきて、どこに使われて、今どのくらい残っているかを把握することです。それを把握するためには、ノートなどに入ってきたお金や出て行ったお金を記録していくことが良いでしょう。間違いや無駄遣いを減らすにも、ノートに記録を残しておくことはとても大切なことです。そもそも、どこにお金が使われたかわからなければ、間違いや無駄遣いを減らすことはできません。

また、単に記載するだけでなくレシートなどをノートに貼っていくとより良いでしょう。レシートを普段は受け取らなかったり、もらっ

てもすぐに捨てる人も多いのではないかと思います。しかし、レシートはものを買うのにいくらのお金がかかったかを示す重要な根拠となる資料です。レシートをもとに立て替えたお金を精算すれば、実際に仕入れの際に支払ったお金と異なる金額を支払うというミスは起きにくくなります。また、それだけでなくレシートを貼っておくとあとでチェックするときに、ミスを発見しやすくなるという利点もあります。

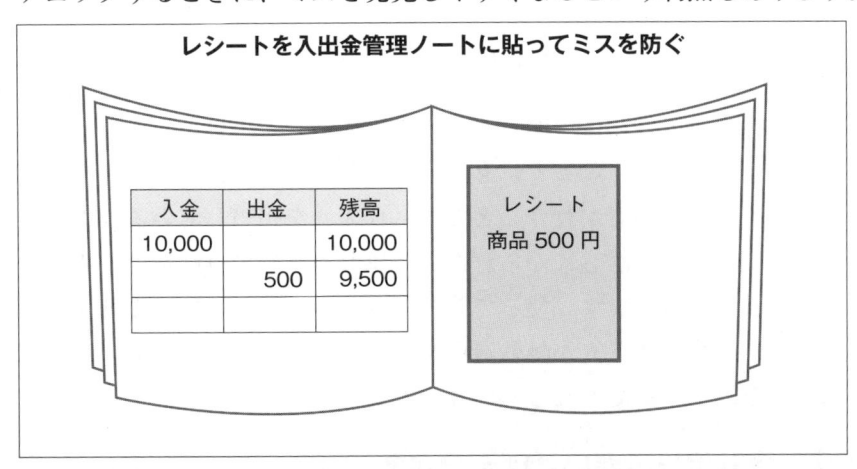

レシートを入出金管理ノートに貼ってミスを防ぐ

入金	出金	残高
10,000		10,000
	500	9,500

レシート
商品 500 円

　また、会計担当者の大切な役割は、単にお金の出し入れの記録を記載することにとどまりません。例題では儲けたお金を勝手に飲食代に支払われてしまっていましたが、本当に問題なのは儲けたお金を勝手に使うのを誰も止めることができなかったことです。そして、今回のケースでは会計担当者がその役目を果たすべきでした。お金の支払いがある場合には必ず会計担当者に連絡し、買って良いという許可をもらわないとお金の支払いができないというルールを作っておくべきだったのです。そうすることで会計担当者がOKを出したものだけしか支払いがされないことになりますので、会計担当者が無駄と判断したものに支出することはなくなります。それに加えてお金を使いたいと思うときには、会計担当者が納得する理由を説明する必要がありますので、明らかな無駄遣いをしようとする人も減らすことができます。

　さらに、会計担当者は入出金を記録したノートなどに記載されて残っているお金と実際に手元に残っているお金が一致していることを

確認します。記録と実際のお金があわなければ、どこかで間違いが起きていることになります。レシートなどをもとに記録しているので間違いが起こることは少ないはずですが、間違いがないことを確認するためにもチェックは重要です。もし、一致していない場合には、その原因を把握し、記載の間違いないのか、それともどこかでお金がなくなったのかを確認しなければなりません。

6　会計担当者はお金を使わない

　会計担当者の役割は説明しましたが、大切なことは一つ目が、会計担当者が記録を残すことで、もう一つはお金を使う役割とお金を支払う役割を別の担当者が行うことです。仕入れを担当している人がお金を持ってしまうと誘惑にかられたり、思わぬ衝動で無駄遣いが生じやすくなってしまいます。使ってしまったお金は戻ってはきません。そのため、ものを買う人が無駄遣いをしたいと思ったとしても、別の担当者がそれを止めてくれるというのが大切です。

7　会計担当者がいれば十分か？

　[5]では会計担当者を決めることが大切であるということを見てきました。会計担当者を決めれば、間違いや無駄遣いをしっかりと防げているように見えます。しかし、実際には間違いや無駄遣いを完全に防ぐ事はできていません。たとえば、会計担当者が間違えたり自ら無駄遣いをしてしまったらどうでしょうか。この場合、会計担当者が間違いに気づいていない、もしくはあえて無駄遣いをしているのですから、会計担当者がそれを発見してくれることは期待できません。では、会計担当者自身の違いや無駄遣いを防ぐにはどうすればよいのでしょうか。

8　チェック担当者

　会計担当者が間違えたり無駄遣いをするなら、会計担当者がしていることをチェックする係を作ればよいのです。クレープ屋の例で考え

てみましょう。この場合には、チェック係を作って、会計担当者が作成した記録とレシートなどの証拠となる資料をもう一度チェックし直せばよいのです。もし、会計担当者が自ら無駄なお金を使っていたとするとチェック担当者が発見してくれます。

　無駄なお金を使わないように会計担当者は支払いの前にチェックをしますが、チェック担当者は実際に支払いが行われたあとにチェックをします。そのため、無駄遣いを発見することはできますが、無駄遣いを止めることはできません。しかしもちろんチェックすることは無意味なことではありません。なぜなら、無駄遣いをするとばれてしまうので、無駄遣いをしにくいということです。無駄遣いがばれてしまうのでしたら、お金を使う側もお金の使い方に慎重にならざるを得ません。

　そして、最後にチェック担当者がチェックした記録は全員に報告し、儲けについて伝えれば、役割は完了します。

　チェック担当者も会計担当者と同様にお金を使う人ではないほうが良いです。もちろん、会計担当者でもないほうが良いので、仕入担当者、会計担当者、チェック担当者の三者は重複しないほうがよいで

作るべきだった役割とルール

仕入担当者　　会計担当者　　チェック担当者

〈ルール〉
① 買うものは仕入担当者が行い、ものを買うときには、会計担当者の許可が必要。
② 会計担当者がレシートをもとにノートに入出金を記録し、実際に残っているお金とノートに記載されている儲けの金額が同じであることの確認。
③ チェック担当者が再度、会計係が記録したノートをチェックして間違いがないことの確認。

6限目　儲けやお金のしくみを応用すると

16 何を信用して行動するか？

しょう。

9 会社でのしくみ

　会社でも間違いや無駄遣いが起きないようなしくみがあるといいましたが、会社ではどのようになっているのでしょうか。実は、会社でも基本的には同じような役割があります。クレープ屋では、買いたいものを決め、買っていいものか判断する、支払いをする、記録が正しいかチェックするという三つの役割に分かれていました。会社では、買いたいものを決めるのと買っていいものか判断するのは購買部などの部署が担当しています。購買部のなかでも役割が決まっていて買っていいものか判断するのは特に重要な役割になるため、購買部のなかで部長や課長などの役職者が担当（職務分掌）しています。一方、支払いや記録が正しいかを確認するのは経理部や経営管理部という部署が担当し、チェックは経理部や経営管理部の部長や課長が担当しています。クレープ屋の例と違って仕入れの許可は会計担当者にあたる経理部や経営管理部などではなく、購買部の部長や課長が担当しています。これは、商品をどれだけ仕入れるかという判断は非常に難しいことだからです。仕入れが多すぎた場合には、余った分が損になってしまいますし、反対に仕入れが少ないと本当は売れるはずのものが売れなかったため、得られたはずの儲けが得られなくなってしまいます。

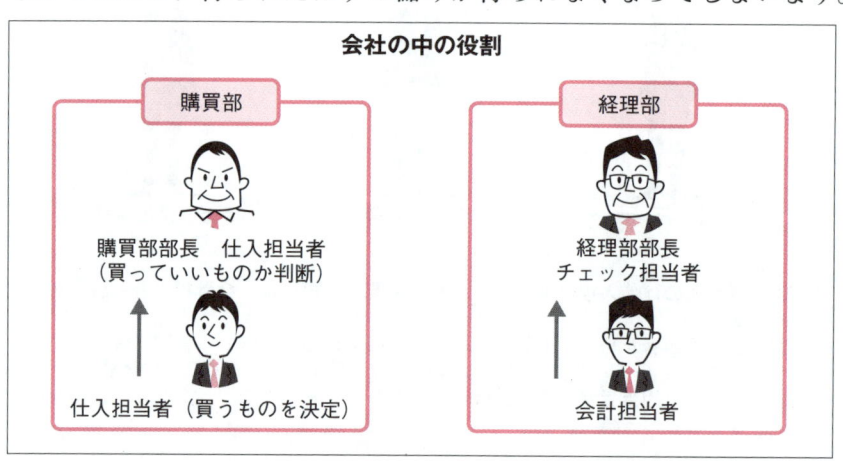

会社の中の役割

購買部
　購買部部長　仕入担当者
　（買っていいものか判断）
　　↑
　仕入担当者（買うものを決定）

経理部
　経理部部長
　チェック担当者
　　↑
　会計担当者

多すぎると損が出て、少ないと儲けが出ないという難しい状況で、どのくらい仕入れるのがちょうどいいかは経験がある人にしかわかりません。それに該当するのが購買部の部長や課長なのです。

10 会社のうその報告

　ここで、「報告すること」に焦点を当てて説明したいと思います。クレープ屋の例において儲けがどれぐらいになったかは最終的にクレープ屋をしていた全員に報告していました。もちろん、会社においても儲けがどれぐらいになったのかは、会社の社長や従業員にとっても関心の高いものだと思います。しかし、それだけでなく、会社の外部の人も会社がいくら儲けたかの報告にとても注目しています。たとえば株主や銀行などのお金を貸している人、その会社と取引を行っている人や就職活動をしている人など、さまざまな人が、会社が儲かっているどうかに関心があり、会社の外部へ知らされる報告や情報をもとに行動しています。なぜなら、株主で考えれば、株を買っているのは儲けたいためですから、会社が儲けてくれればそれだけ株価が上がって儲けが多くなるからです。

　ここでもし儲かっていないのに儲けていると、うその報告を会社がするとどうなってしまうのでしょうか。株主は、本当は儲かっていない会社の株を買って損をし、お金を貸している人はお金が返ってこない可能性が高くなってしまいます。儲けについてうその報告をするとそれだけ、いろいろな人に影響を与えてしまいます。しかし、9で会社は間違いや無駄遣いがないようにしくみを作っているはず（内部統制）だから大丈夫なのでは思った人もいるかもしれませんが、このようなうその報告には会社内のしくみはあまり機能しないことが多かったのです。粉飾決算という言葉を聞いたことがあるかもしれませんが、粉飾決算とは簡単に言えば、会社が儲かっていないのに儲けているといううその報告をすることです。大企業の場合は、会社のなかで間違いや無駄遣いが起こらないように会社内のしくみをしっかりと作っています。にもかかわらず、会社が儲けについてうその報告をすること

を止められなかったのは、社長などの経営者自身が行うことが多かったからです。なかなか会社の社長に従業員はノーとは言えないでしょう。会社のトップが儲けについてうその報告をするのを防ぐには、別のしくみが必要となってきます。

　会社の報告にうそがないかを誰がチェックするのかというと、会社の外部の専門家にチェックしてもらうのが一番良いでしょう。大きな会社になれば、会計監査人という役割（機関）があります。会計監査人になれるのは公認会計士や監査法人という会計の専門家のみです。この会計監査人が会社の儲けについての報告が間違えていないか、儲かっていないにもかかわらずうその報告をしていないかをチェックしています。会計監査人は、その会社の従業員ではなく、会計の専門家として仕事をしていますので、社長にものが言えないというような状況は従業員に比べると起きにくいため、チェックの効果は大きくなります。

11　しくみづくりの大切さ

　会社を起こしたり（起業）するときには、どうやって儲けるかについて注目しがちです。確かに、どうやって儲けるかはとても大切な問題ですが、どれだけ儲かるしくみを考えたとしても、間違いや無駄遣いが起きてしまうと儲けはなくなってしまいます。儲けのしくみだけでなく、お金の管理をしっかりとして、最後に儲けが会社に残るようにするということもとても大切なことなのです。

関連する会計用語

監査　信用　保証　会計監査人　公認会計士　職務分掌　内部統制
監査法人　粉飾

17 実用性インナーとブランド価値

1 商品の値段と原価

　昨今、アパレル業界では、冬温かく、夏は涼しいといった機能性インナーの開発に非常に力を注いでいます。ところが、各社の値段には差があります。たとえば、ユニクロは、低価格高品質を売りに大々的に広告宣伝をしており、1枚1,500円程度で販売しています。一方、ワコールは、高級下着メーカーとして冬用インナーを売り出しており、価格は3,800円程度です。通常、販売価格である客が支払う金額は、定価に消費税が加算された額になりますが、ここでは消費税は考慮しないものとします。両社とも、繊維メーカーと共同開発をしており商品には非常に力を注いでいるようです。では、なぜこんなに値段に違いがあるのでしょうか。

　物の売値はどうやって決まるのでしょうか。また元の値段はいくらするのでしょうか。会社の儲けは「売値－仕入値」で決まります。高級下着メーカーは高級材料を使って作っているから高いのでしょうか。高品質低価格を売りにする企業は、高品質をうたっていますが、本当にその売値で儲けているのでしょうか。

　売値は、値札に書いてあるのですぐわかりますが、元の値段は消費者にはわかりません。しかし、各社、1年間でどれだけ儲かったのかとか、損をしたのかという報告書（これを損益計算書といいます）を作っています。その書類を見ていくらで作られているのか、推測してみましょう。

2 損益計算書（売上・売上原価・売上総利益）

　次の表を見てください。これが損益計算書といわれるもので、会社

の経営成績をわかりやすく表示したものです。

ユニクロの損益計算書

	平成22年度		平成23年度	
	金額（百万円）	構成比	金額（百万円）	構成比
売　上　高	814,811		820,349	
売上原価	393,930	48%	394,582	48%
売上総利益	420,881	52%	425,767	52%

ワコールの損益計算書

	平成22年度		平成23年度	
	金額（百万円）	構成比	金額（百万円）	構成比
売　上　高	163,297		169,726	
売上原価	79,953	49%	81,895	48%
売上総利益	83,344	51%	87,831	52%

売上高、売上原価、売上総利益とありますが、「売上高－売上原価」が売上総利益です。つまり、仕入値が売上原価で儲けが売上総利益です。

両社とも、儲かっています。売上原価には、製品を設計して材料を調達して、工場で縫製して、売り場に運ばれてくるまでにかかる費用が含まれます。

売上に占める、売上原価の割合は両方とも48％ほどということがわかります。売上に占める原価の割合を原価率といいますが、この原価率を前提に商品1枚あたりの売上原価を計算してみます。インナー1枚あたりの売上原価を計算するには、「売値×原価率」で計算できます。

　　ユニクロ：1,500円×48％＝720円

　　ワコール：3,800円×48％＝1,824円

やはり、ユニクロの原価は安いようです。安く作っているため、安く売っても儲けを出すことができます。では、ユニクロはどうして安く作ることができるのでしょうか。その理由を考えてみましょう。

商品が消費者の手に届くまでにかかる原価には、企画や設計するた

めの費用、素材を調達する費用、縫製する費用、できた商品をお店に運ぶための輸送費用、店舗での販売にかかる費用などがあります。これらの原価を二つの要素に分けると商品そのものにかかる部分を売上原価といい、販売等にかかる部分を販売費及び一般管理費（略して販管費といいます）といいます。売上原価が安いということは、商品そのものをお店に並べるまでにかかるこれらの費用をできるだけ抑えているということを表します。

3 流通コスト

では、商品が消費者に届くまでの流れを見てみましょう。

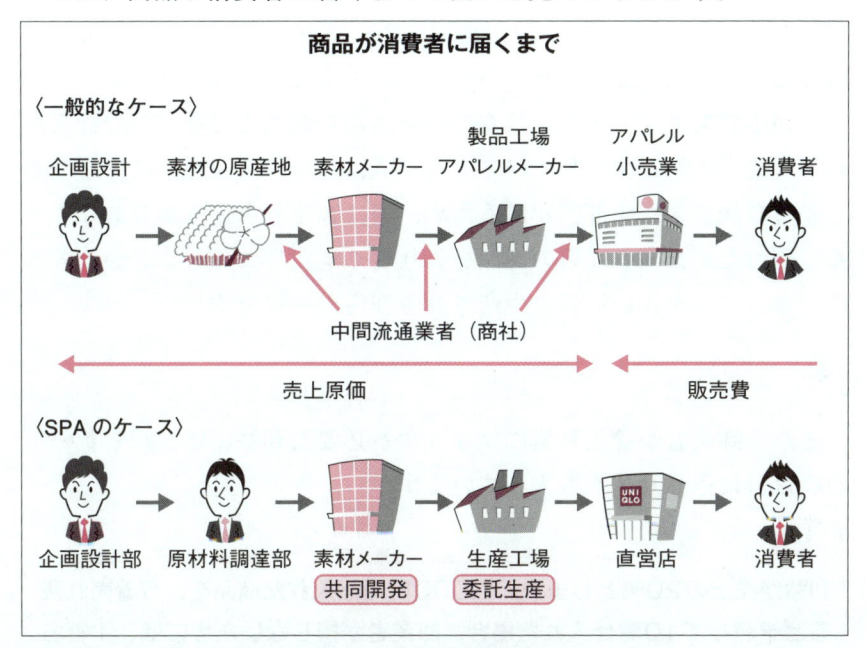

商品が消費者に届くまで

〈一般的なケース〉
企画設計 → 素材の原産地 → 素材メーカー → 製品工場 アパレルメーカー → アパレル小売業 → 消費者
中間流通業者（商社）
売上原価　　　　　　　　　　　　　販売費

〈SPAのケース〉
企画設計部 → 原材料調達部 → 素材メーカー（共同開発）→ 生産工場（委託生産）→ 直営店 → 消費者

比較すると、ユニクロでは商品が完成するまでにかかわる企業の数が少ないようです。企業が多ければそれぞれの企業が利益をとるので、その分消費者が負担する費用が増えるのです。一般的なケースでは、アパレルメーカーが作った商品を、アパレル小売業といわれる企業が売っていました。それぞれが作る専門、売る専門であったためメーカーが作った商品を流通させるために中間流通業を行う卸業者が入る

17 実用性インナーとブランド価値

必要がありました。卸業者は、商品の企画やメーカーへの発注を行い、小売業者に納品します。そして、小売業者はメーカーからの仕入値に必要な利益を足して小売業者に販売します。そうすると、小売業者が買う仕入れ値はメーカーから直接買った場合より高くなります。洋服の場合、繊維メーカーがあり、生地メーカーがあり、アパレルメーカーがあり、小売業者が消費者に商品を販売します。それぞれの製造企業の間に卸業者がはいると、卸会社が中間で利益を取る結果、消費者に売る値段も高くなります。商品の素材や加工にお金がかかっているのではなく、流通にお金がかかっていたのです。

　ユニクロは商品の企画、素材の調達、縫製、販売のすべてを自社で行っています。こういった企業をSPA（Specialty store retailer of Private label Apparel）といいます。直訳すると自社ブランドのアパレルの小売業となります。日本では企画から販売までを自社で行うため、製造小売業と言われています。SPAは一つの会社の中に作る機能と売る機能を果たす部門があるため、間に卸業者を使う必要ありません。そのため、同じ品質の商品をより安く消費者に売ることができるのです。これが安い原価で生産される理由の一つです。

４　在庫リスク

　また、卸業者が仕入れ値にプラスする必要な利益には、卸業者の手数料以外に返品リスクも入っています。

例題

利益が売上の20％とします。1,000円で仕入れた商品を、５着売れ残ると予想して10着仕入れた場合、卸業者が損しないためには、１着あたりいくらで小売業者へ売る必要があるでしょう。

解答

　５着分の売上で10着分の仕入れ値と自社の利益分をカバーしないといけないので
　売価×５着≧1,000円×10着＋売価×５着×20％
　となります。この条件を満たす売価は2,500円になります。

つまり、1,000円で仕入れた商品に、卸業者の利益2,500円×20％＝500円と、返品リスクの1,000×5着÷5着＝1,000円をあわせた1,500円も、商品の価値とは関係ない原因で小売業者の仕入れ値が高くなっています。小売業者はこの値段に利益を乗せるため、消費者の負担額はさらに増えます。

この点、徹底したSPAを実施しているユニクロでは、自社で商品の企画から販売まで実施するため、在庫リスクは自社ですべて負うことになります。さらに、販売店での売れ行き情報や、それぞれの段階に在庫がどれくらいあるのかをタイムリーに把握できます。そのため、流行の移り変わりが激しいアパレル業界においても、市場の変化に迅速に対応することができ、無駄な在庫（素材・商品）を作らないように管理することができます。必要な分だけ素材を加工し、残りは素材で在庫として持っていれば、追加生産したり、流行が変われば素材を他の商品材料に転用することができるのです。

ここで、なぜ在庫を持ってはいけないのか、見ておきましょう。たとえば原料の糸を80万円で仕入れて洋服に加工して100万円で売ると20万円現金が増えます。しかし、仮にまったく売れないと80万円現金が減ります。これを繰り返していると在庫ばかりになってしまい、ついには、お金がなくなって、商売が回らなくなります。また、あまり売れないことを想定して1枚あたりの売値を高く設定すると、高くて売れないか、消費者が高い買い物をして売上数量が伸びない結果となります。

ユニクロは自社のビジネスモデルだからこそ、供給体制を万全に構築して無駄な資材の購入、商品の生産を行わないことで、在庫リスクを消費者に負わせないようにしているのです。

５ 品質管理

では、どのようにして品質を一定に保っているのでしょうか。

ユニクロの特徴の一つとして同じ商品を大量に生産販売していることがあげられます。売れ筋商品を絞り込んで、工場に発注する生産単

位を上げるためです。アパレルの場合、売れ筋商品の予測が難しく沢山の数量を発注できません。ユニクロの場合、同じ商品を大量に発注するので、生産を委託された工場はユニクロの商品のみを生産するためのラインになります。委託先の工場にとってはユニクロが最大の取引先になるので、工場はユニクロに対して忠誠心を持つようになり、委託先の工場を自社工場のようにすることができます。同じ商品を大量に作れば、工場の機械もフル操業になり、工具も同じ作業をするわけですから、腕に磨きがかかります。フル操業になると、1枚あたりの商品が負担する固定費は少なくなります。これを規模の経済といいます。工員の腕に磨きがかかると効率がよくなり、低いコストでよい商品を作ることができます。さらにユニクロの社員を生産管理者として海外工場に送り込み、品質管理や店舗の販売状況を工場と共有しました。こうすることで工場での生産量を迅速に調整することができ、無駄な在庫を抱えるリスクや、品切れで売上の機会を失うリスクもなくし、海外工場でも品質を保った安い商品を作ることを可能にしたのです。

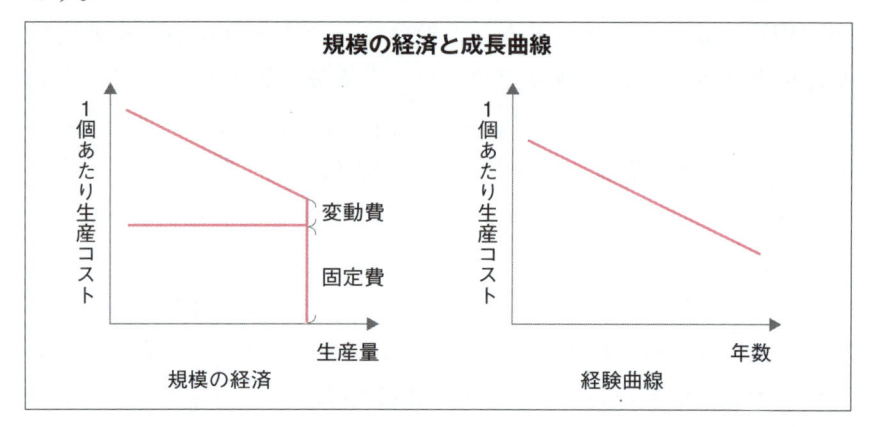

規模の経済と成長曲線

規模の経済　　　　　　　経験曲線

6 販売費（固定費）

❷では、原価のうち商品そのものにかかるものを見てきましたがこのなかには、販売にかかる費用が入っていません。本業で儲かっているかどうかを表す指標は、「売上－売上原価－販売費及び一般管理費」

で計算される営業利益になります。次の表によれば両社とも儲かっていることがわかります。ここで、売上に対する販売費及び一般管理費の比率はユニクロのほうが低くなっていますが、金額を見るとここに巨額の資金をつぎ込んでいることがわかります。この正体はCMを見れば一目瞭然、広告宣伝費です。通常、広告宣伝費は販売費及び一般管理費に含まれています。では、どうして巨額の資金をつぎ込んでも儲けが残るのでしょうか。

ユニクロの損益計算書（営業利益まで）

	平成22年度		平成23年度	
	金額（百万円）	構成比	金額（百万円）	構成比
売　上　高	814,811		820,349	
売 上 原 価	393,930	48%	394,582	48%
販 　管 　費	288,503	35%	309,402	38%
営 業 利 益	132,378	16%	116,365	14%

ワコールの損益計算書（営業利益まで）

	平成22年度		平成23年度	
	金額（百万円）	構成比	金額（百万円）	構成比
売　上　高	163,297		169,726	
売 上 原 価	79,953	49%	81,895	48%
販 　管 　費	78,392	48%	77,592	46%
営 業 利 益	4,952	3%	10,239	6%

　広告宣伝費の特徴は、売れても売れなくても一定金額が発生することです。CMを作るのに発生するお金は、1本何円というように決まります。売上が少なければ1着あたりが負担する広告宣伝費は大きくなります。ユニクロは大量に売っているため、1着あたりにかかる費用は少なくなります。先ほど説明した規模の経済の効果です。

　ただ、CMはいったん投資すると、売れ行きにかかわらず発生する費用になるので、投資には慎重な判断が必要になります。

　ここまでの話を、まとめるとユニクロの儲けのしくみは、下図のようになっていたのです。

| 安いから売れる | ▶ | 1枚あたりの原価が安くなる | ▶ | 儲かる!! |

7 商品の値段はどうやって決まるのか（ブランド価値）

　ここからは儲けを決めるもう一つの要素である売値に着目してみます。

　先ほど、ユニクロは安いから売れると、断定しましたが、世の中では安い商品だけが売れているのでしょうか。そんなことはないはずです。高級ブランド品のバッグやアクセサリーを身につけた女性をよく見かけます。消費者は安い商品を買う一方、高級ブランド品は高くても買っているのです。高級ブランド品は高くても売れるのです。

　売値はいったいどのように決まるのでしょうか。①原価に企業が必要な利益を乗せて決める、②需給バランスで決まってくる、③価格競争で決まるなど、いろいろ要因が考えられます。

　まず、企業が儲けるためにかかったコストに必要な利益をプラスして売値を決めるやり方があります。企業としてはこの売値で予定どおりの数量が売れると儲かります。これが①の考え方ですが、実際はそう簡単ではありません。つづいて、二つ目の考え方です。市場に出した商品にあまり人気が出なかったら値下げして売ることになります。逆に予想以上の売れ行きになると、高くても消費者は買ってくれます。②の考え方です。さらに三つ目です。同じ商品が隣のお店で安く売っていたら値段を下げないと買ってくれません。電器屋さんにライバル店の広告を持って行って値引き交渉した経験のある人も多いのではないでしょうか。これが③の考え方です。

　こういった要素に影響を受けながら物の値段は決まっていきます。

　結局、売値を決めるのは市場であり、消費者なのです。こうなるとなぜ消費者は低価格品を求める一方で、高級ブランド品は高くても買うのでしょうか。

　同じ商品が、同じ値段で売られていて、一方はブランド品だった場

合、どちらを買いますか。おそらくブランド品を買うでしょう。それは、ブランド品だとわかれば、商品の品質に対する信頼や安心が得られるからです。さらにブランド品を消費することに対するステータスがあるからでしょう。おしゃれしたい気持ちをくすぐるのがブランドの魅力です。こうなるとノーブランドの商品はブランド品より安く売るしかありません。つまり、ブランド名というのは他の企業との競争を優位に進めることができるというメリットを持っています。同じものを作っても高く売ることができるため利益率も良くなります。

その分、企業は商品そのものではなく商品を身につけることのイメージ作りにお金をかけています。イメージを作るために有名なモデルやスポーツ選手で広告宣伝をし、社員教育や店舗の内装に投資し、消費者を最高のもてなしで迎え、高く売る努力をします。つまり、販売費及び一般管理費にもたくさんのお金をかけます。

このように目に見える商品価値が上がるわけではないけれど、消費者の心を満足させることで目に見えない価値が上がります。そのためブランド品は高くても売れるのです。この目に見えない価値のことをブランド価値といいます。

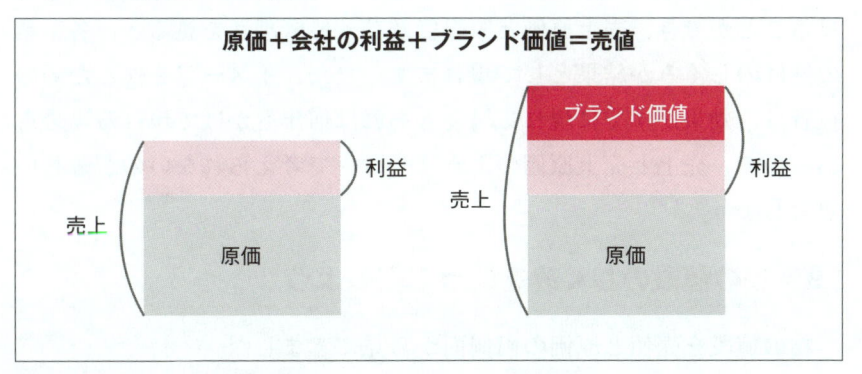

原価＋会社の利益＋ブランド価値＝売値

8　ブランドを考える⁉

同じ商品と比較した場合、高く売っても消費者が買ってくれるのがブランド品だとすると、ユニクロも低価格市場のなかでのブランド企業といえます。同じような商品でも、量販店のものを着るのは嫌だけ

ど、ユニクロのものなら着たいと思う人がいます。ユニクロが高品質で低価格というイメージ、有名モデルを起用した斬新なCMでダサくないという印象を消費者に与え、同じような商品を扱うライバル企業より商売を優位に進めているといえます。

　革製品の高級ブランドで有名なある企業は、伝統や格式の高さ、職人の手作業で作っているということで高級感や持つことに対するステータスを消費者に浸透させ、高品質で高価格だけど持ってみたいという憧れを持たせています。

　つまり、両方ともブランドなのです。高品質で低価格の機能性には優れているというイメージを与えるか、高品質で高価格でおしゃれというイメージを与えるかの違いはありますが、それぞれの市場で有利に商売をしていることに変わりはありません。

　このように儲けている企業は、物を安く作る努力と物を高く売る努力をバランスよく行うことによって消費者にとって目に見える価値と目に見えない価値を積み上げ、消費者を満足させる価格で売り、その結果、儲けを出しているといえます。

　物を安く作る努力と物を高く売る努力のバランスはお金の使い方で見ることができ、売上原価と販売費及び一般管理費を見ると、各企業の儲けのしくみが結果として現れます。ただ、イメージを作るための投資は、効果がすぐに現れる場合もあれば何年もかけて現れる場合もあるので、売上と売上原価のように一対一で考えられないのが難しい点でしょう。

❾ 物の値段のしくみを知って得しよう‼

　物の値段を売値と原価の両側面から見てきました。

　儲けのしくみの一つであるビジネスモデルの説明が中心になりましたが、企業活動の結果をお金で表すのが会計です。さまざまな活動の現場でヒト、モノ、カネ、情報がどのように流れているかという企業活動の実態を把握することがはじまりです。実際のビジネスモデルが多様化したことで、同じカテゴリーの商品でも、生産ルートや販売

ルートが異なれば、値段が異なることも理解できたのではないでしょうか。ビジネスモデルと一緒に物の値段や原価のしくみを理解すれば、実際の商売において交渉上手になれるかもしれません。さらには新しいビジネスモデルを創りだして儲けることもできるでしょう。

　また、一人の消費者としても、買い物をするとき、物の値段がなぜ高いのか、安いのかを考えてみると買い物上手になれるかもしれません。商店街で買う、郊外のアウトレットで買う、専門店でブランド品を買う、ネットショッピングをするなど、買い物をするときの選択肢が広がっていくでしょう。

> **関連する会計用語**
>
> 損益計算書　売上　売上原価　販売費及び一般管理費　売上総利益
> 規模の経済　ビジネスモデル　利益　在庫　物流　品質管理　ブランド
> SPA

18 中流階級はいない？

1 平均の持つイメージ

「平均」というとどのようなイメージを持っているでしょうか。また同様に上・中・下のうちで「中」のイメージはどうでしょうか。「松・竹・梅」というのもあります。またこの延長で「中流」というのもよく使われます。まず平均について次の例題から考えて見ましょう。

> **例題**
>
> AさんはB校の受験を考えています。B校の昨年の入学試験の競争倍率は2.0倍で、受験者の平均点は500点満点中300点でした。昨年のこの結果を見たAさんは、今年も昨年と同様の倍率、平均点であるとすれば、300点を上回る得点を取ればいいと考えました。
> Aさんの考えは正しいでしょうか。

競争倍率2.0倍なので、得点の高い順に上位半分が合格となります。

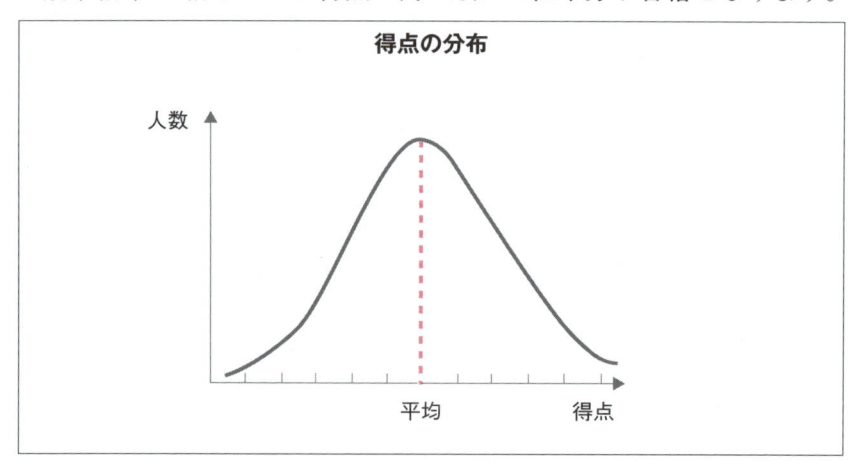

得点の分布

学校のテストの場合、最高でも満点で上限があり、得点の分布はグラフのような、平均に近いところほど多く両端へいくほど少なくなるという釣鐘型（正規分布）になることが多いと考えられます。したがって、このような分布状況の場合、平均点がまん中になるので、Aさんの考えたとおり300点を上回れば上位半分に入り、合格すると考えられます。

　でも、実は平均点がまん中にならないケースも考えられます。

　上記の例題で、次の10人の場合を考えてみてください。

得点	人　数
500点	3人
450点	2人
400点	1人
50点	4人

　10人の平均点は300点になりますが、400点の人は平均点を超えていても上位半分には入れません。これは、得点の分布が両極に分かれていて、釣鐘型になっていない極端なケースです。このような得点分布となる場合、Aさんの考えは正しいとはいえません。得点の分布が釣鐘型ではない場合には、平均とまん中は一致しないのです。

　一般的に「平均」というと、そのグループのまん中のイメージで捉えられがちです。そのため、Aさんのように考えてしまうのですが、上記のようなケースもあるので、Aさんの考えは正確には正しいとは言い切れないというのが例題の解答になります。300点はあくまでもボーダーラインの目安にすぎないと考えたほうがいいでしょう。

　平均気温、平均身長、平均体重、平均寿命、平均株価など日常において「平均」はさまざまな場面で使われており、最も身近な統計数値といえます。そして、一般的に「平均」というと、そのグループのまん中、代表的数値、標準を指しているイメージです。また、かつて「1億総中流」といわれ、私たち日本人は中流意識が強く、平均を意識してしまう傾向がありましたし、平均身長より低ければコンプレックスを感じる人がいたり、学校のテストの平均点に一喜一憂したりし

たものです。

　ですが、平均は常に、標準、まん中の値を示しているわけではありません。平均値だけを見て、ものごとの特性や傾向を判断すると誤った理解になってしまう場合があるのです。

　これまで、実感として平均値が自分のイメージした値と合わないなと思った経験はないでしょうか。「平均」のこのからくりを知っておけば、無用なコンプレックスを持ったり、心配したりしなくても良いのです。まずは、数字を正しく理解するためのきっかけとして「平均」について考えてみたいと思います。

$$平均 = \frac{X_1 + X_2 + \cdots\cdots + X_n}{n}$$

X：各データ
n：データ数

2　平均はまん中ではない

　釣鐘型の分布になっていない例としてよく取り上げられるのが平均貯蓄額です。

　日本の1世帯あたりの平均貯蓄額はいくらぐらいだと思いますか。総務省が発表している平成22年家計調査によると、1世帯あたり平均貯蓄額は1,657万円となっています。「まぁそんなもんかなぁ」と思う人、「結構みんな貯蓄しているんだなぁ」と思う人、それぞれ感じ方は違うと思いますが、「結構高額だな」と思った人が大半だと思います。

　貯蓄額の分布はどうなっているでしょうか。

　図を見ると、貯蓄額が100万円未満という世帯が全体の11.3％を占めるなど、貯蓄額の低い層に偏った分布になっています。平均値を下回る世帯が全体の67.6％を占めているのです。これでは、大半の人が高額だと感じるのは当然だといえます。

　貯蓄額の場合、金額の上限がなく、桁違いに財産を所有している人

貯蓄額の世帯分布

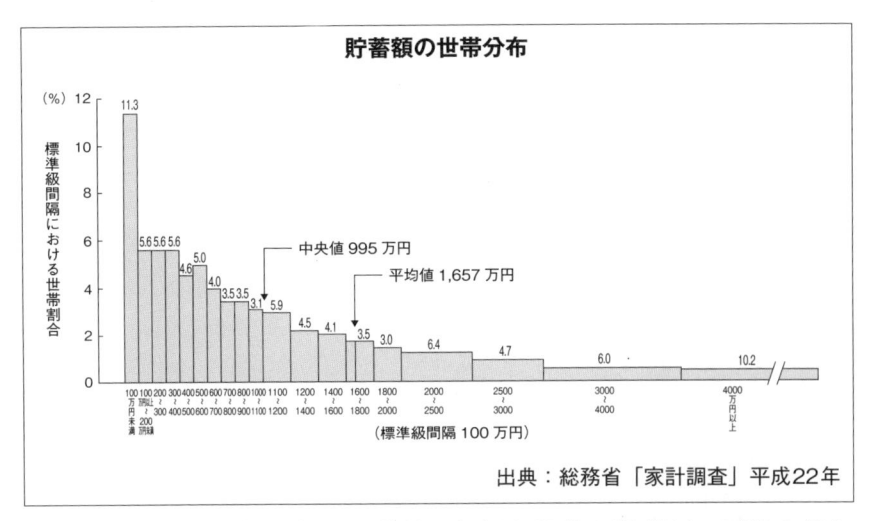

(%) 12
11.3
標準級間隔における世帯割合

中央値 995万円
平均値 1,657万円

5.6 5.6 5.6
4.6 5.0
4.0
3.5 3.5
3.1 5.9
4.5 4.1
3.5 3.0
6.4
4.7
6.0
10.2

100万円未満 ～200 ～300 ～400 ～500 ～600 ～700 ～800 ～900 ～1000 ～1100 ～1200 ～1400 ～1600 ～1800 ～2000 ～2500 ～3000 ～4000 4000万円以上
（標準級間隔100万円）

出典：総務省「家計調査」平成22年

　たちがいます。そういうごく少数の裕福な世帯が貯蓄額の平均を吊り上げ、平均値は高くなっているのです。生活保護を受ける人が2011年7月には205万人を超え、過去最多になったとニュースになっていましたが、そんななかで、一方では何百億、何千億の莫大な資産を持つ人もいるというのが現実です。

　したがって、貯蓄額の場合に、一般的な平均、標準をイメージする値として平均値を捉えると誤った見方をしてしまうことになります。この場合には、中央値や最頻値を見たほうが実感と一致します。中央値（メディアン）はデータを小さい順に並べたときにちょうどまん中にくる値のことです。また、最頻値（モード）とは、最も多い頻度で出てくるデータの値のことをいいます。先の受験の例題で「まん中」と書いてきたのは中央値のことです。

　1世帯あたりの貯蓄額の中央値は995万円となっています。また、最も世帯数が多い階級は100万円未満の11.3％となっています。これだと、世間一般での実感とそんなにずれているという印象はなくなります。平均貯蓄額1,657万円とだけ聞いて、「自分の貯蓄額は平均以下かぁ」とがっかりしたり、「もっと稼いで、貯蓄しないと」と焦ったりする必要はないのです。

　同じことが、平均所得にも当てはまります。厚生労働省が発表して

6限目　儲けやお金のしくみを応用すると

⑱　中流階級はいない？

いる平成22年国民生活基礎調査の概況によれば、1世帯あたりの平均所得金額は約549万円です。これもごく少数の高額所得者によって平均が吊り上げられています。

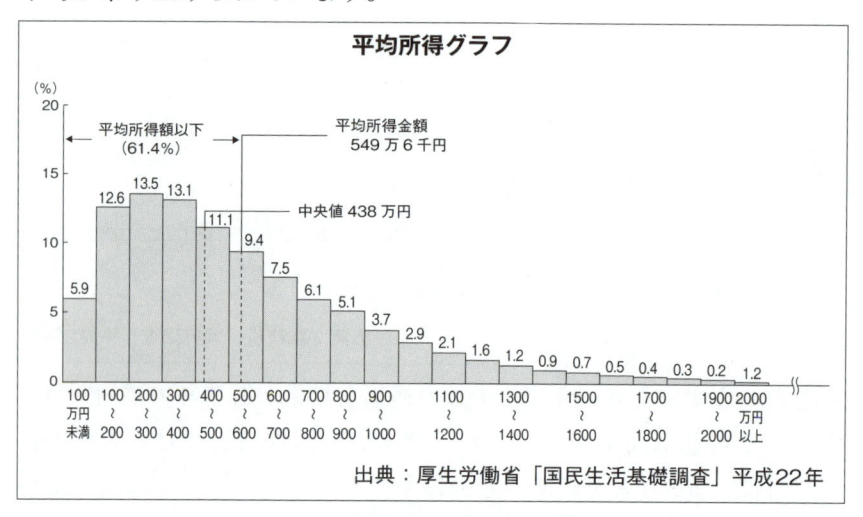

平均所得グラフ

区分	割合(%)
100万円未満	5.9
100〜200	12.6
200〜300	13.5
300〜400	13.1
400〜500	11.1
500〜600	9.4
600〜700	7.5
700〜800	6.1
800〜900	5.1
900〜1000	3.7
1000〜1200	2.9
1200〜1400	2.1
1400〜1600	1.6
1600〜1800	1.2
1800〜2000	0.9
（続き）	0.7
	0.5
	0.4
	0.3
	0.2
2000万円以上	1.2

平均所得額以下（61.4％）
平均所得金額 549万6千円
中央値 438万円

出典：厚生労働省「国民生活基礎調査」平成22年

　グラフで示したとおり、中央値は438万円で、最も世帯数の多いのは200万円以上300万円未満の区分です。平均値と中央値ではかなり差があり、平均所得以下の世帯が全体の61.4％も占めています。
　「平均」は特定のグループ、集団の特性、傾向をおおまかに捉えるうえで役に立つ値ですが、正規分布になっていないケースがあるので、どのような分布をとるデータが対象となっているのかを考える必要があります。平均が、あるグループの「代表的な」「典型的な」「標準的な」数値であるとすぐに思ってしまわないで、平均が算定されたデータの前提にも考えを巡らせたほうが良いといえます。

3 数字にだまされないために

　貯蓄額や所得の「平均」に関する勘違いは、平均値自体の数字は間違っていないのですが、こちらの受け取り方が間違ってしまうケースです。
　私たちの身の回りには、情報として数字が溢れています。表面的に目にする数字を鵜呑みにしてしまうと誤って理解してしまうというこ

とが他にもさまざまな場面であります。数字を使った表現にはインパクトがあり、説得力があります。でもこれは、逆から考えると、意図的に誘導しようとする相手にうっかりだまされてしまう可能性もあるということです。

　また、新聞や雑誌などでは、情報のすべてが報道されるのではなく、一部をクローズアップして報道されています。ちょっと違うのではないかなと感じるときは、もう少し詳しく自分で調べて、正しく情報を理解するようにしたいものです。その際、「ちょっと違うのではないか」と思える感性を養っておくこと、つまり数字に強くなることがとても大切になります。

　では、数字に強くなるにはどうすればいいでしょうか。

　その一番の方法は会計を通じて数字に強くなることです。会計を勉強すると、企業の活動を、数字を通して知ることができるようになり、社会全体に対する視野が広くなるからです。

　いきなり「決算書」とにらめっこするのは難しいかもしれません。まずは、自分の興味のある企業の売上高や利益などについて新聞やインターネットなどで調べてみることから始めてみるといいと思います。就職活動を控えた学生の方や転職を考えている若い社会人の方であれば、興味のある企業と他の企業とを比較してみると、より一層その企業や業界について理解も深まることと思います。

4　企業を比較する

　たとえば、モバゲーでお馴染みの株式会社ＤｅＮＡと、ゲーム業界での老舗企業、任天堂株式会社の利益を比べてみましょう。ＤｅＮＡは横浜ベイスターズを買収して話題にもなりました。

例題

任天堂の2010年4月から2011年3月までの1年間の営業利益（本業での儲け）は同じ期間のＤｅＮＡの営業利益の約何倍くらいでしょうか（企業グループ全体で考えます）。
①約1.5倍　　②約3倍　　③約5倍

解答
②

　2009年4月〜2010年3月まで（2010年3月期）と2010年4月から2011年3月まで（2011年3月期）のそれぞれの1年間の任天堂とDeNAの営業利益、当期純利益は次のとおりです。その結果、解答は②の約3倍になります。当期純利益とはその期間での最終的な利益のことです。企業グループ全体で考えることを連結ベースで考えるといいます。

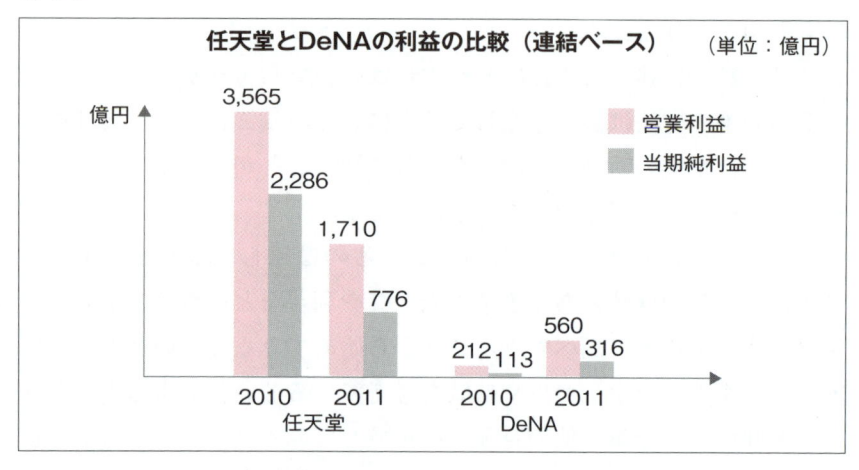

任天堂とDeNAの利益の比較（連結ベース）　　（単位：億円）

- 任天堂 2010: 営業利益 3,565／当期純利益 2,286
- 任天堂 2011: 営業利益 1,710／当期純利益 776
- DeNA 2010: 営業利益 212／当期純利益 113
- DeNA 2011: 営業利益 560／当期純利益 316

　DeNAは1999年に設立されたベンチャー企業であり、1889年創業の任天堂に比べると利益の規模はまだ小さいことがわかります。
　ただ、前期との増加率で見るとDeNAは急激に成長していることもわかります。
　インターネットを取り巻く環境は著しく変化しており、2010年度のスマートフォン出荷台数は前年の2.9倍の855万台に拡大している状況です。今後、スマートフォンの普及とともに、ゲーム業界の競争もさらに激化し、業界の構図も変化していくことが予想されます。
　2011年の任天堂の業績は前年より減収減益になっています。減収減益とは売上高が減少し、利益も減少している状態です。その要因としては、ニンテンドー3DSの本体価格を大幅に値下げしたことによ

り売上高が減少したことと、為替レートが円高で推移したことが影響しています。任天堂は海外売上高比率が83％と高く、昨今の急速な円高が業績を悪化させることにつながっています。

5 比較をする情報の拠り所（決算書の種類）

　企業の情報を比較する場合、その拠り所になるのはどのような情報でしょうか。売上高や利益が示されているのは損益計算書という決算書です。損益計算書は、1年や半年など一定期間の売上や受取利息などの収益から、収益を上げるためにかかったコストを差し引いて、どれだけ儲かったかを示す表のことです。

　企業は、投資家などの利害関係者に対して、決算書を使って、会社の経営状態を説明します。上場企業では企業グループ全体の親会社が、グループ全体の決算書を連結財務諸表として公表します。連結財務諸表には、損益計算書の他に包括利益計算書、貸借対照表、株主資本等変動計算書、キャッシュ・フロー計算書が含まれています。

　貸借対照表は決算日時点での企業の実質的な財産を示す表で、どのように資金を調達し、どのような資産に投下されているかがわかる形式になっています。また、株主資本等変動計算書は株主の持分の変動が、キャッシュ・フロー計算書は一定期間のお金の流れがわかる表になっています。

　任天堂とＤｅＮＡの比較で使った売上高などの決算の数字は、各社のホームページのＩＲ情報（株主・投資家向け情報）から簡単に入手することができます。ＩＲ情報のなかには、連結財務諸表が記載された有価証券報告書や決算短信だけでなく、業績のおおまかな推移などが「業績ハイライト」、「ヒストリカルデータ」というページでグラフや表を使ってわかりやすく開示されています。また、アニュアルレポートも写真や図表によってビジネスの内容が説明されているので理解に役立つと思われます。アニュアルレポートとはディスクロージャー（情報公開）の観点から企業の総合的な経営情報が掲載された年次報告書のことです。なかには任天堂のように決算説明会を動画で

6限目 儲けやお金のしくみを応用すると

⑱ 中流階級はいない？

配信している企業もあります。

決算書の種類

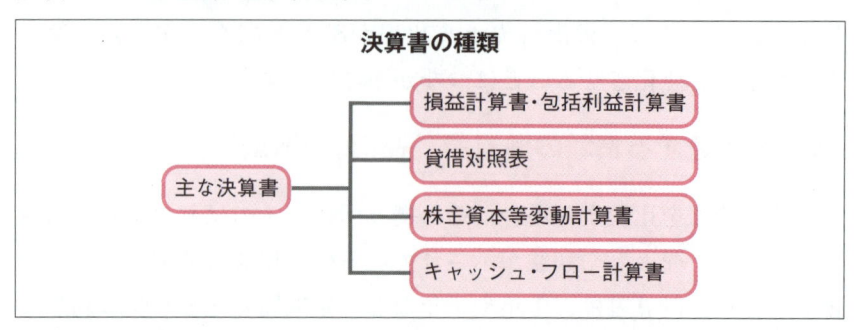

主な決算書
- 損益計算書・包括利益計算書
- 貸借対照表
- 株主資本等変動計算書
- キャッシュ・フロー計算書

　企業の状況は売上高、利益などのフローの数字だけでは捉えきれません。次に、決算日時点の財政状態を見てみましょう。

任天堂とDeNAの資産・負債・純資産の額（2011年3月期）
（単位：10億円）

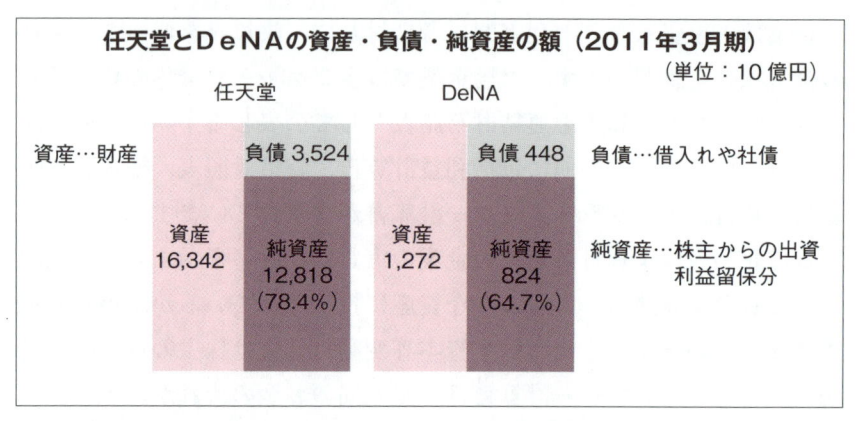

任天堂
- 資産 16,342
- 負債 3,524
- 純資産 12,818（78.4％）

DeNA
- 資産 1,272
- 負債 448
- 純資産 824（64.7％）

資産…財産
負債…借入れや社債
純資産…株主からの出資、利益留保分

　両社とも財務戦略で特徴的なのは、自己資本比率が高いことです。事業活動に必要な資金は、銀行などからの借入れや社債の発行、株主からの出資や事業活動で得た利益からの留保分で賄われます。株主からの出資と利益の留保分は、倒産しない限り返済義務のない資金で、自己資本と呼ばれます。自己資本比率が高いということは、事業活動に使われている資金のうち返済義務のない資金で賄われている割合が高いことを意味しています。

　2社の自己資本比率はそれぞれDeNA60.2％、任天堂78.4％で非常に高い水準です。さらに連結財務諸表で2社の負債の内訳を見ると、両社とも銀行からの借入や社債の発行といった有利子負債がありません（無借金経営）。両社とも事業活動に必要となる資金は社内留保資

金で賄われており、財務的には非常に安定した状態であるといえます。

損益計算書、貸借対照表の他の決算書としてキャッシュ・フロー計算書があります。キャッシュ・フロー計算書は営業活動、投資活動、財務活動という3つの活動に区分して企業の1年などの一定期間の収入と支出を表します。とくにお金の収支をを記録する決算書として重要なものです。

営業活動によるキャッシュ・フローとは、その企業本来の活動でどのくらいのキャッシュを稼いだかを表します。本業での収入なのでプラスになるのが通常です。

投資活動によるキャッシュ・フローには、生産設備への投資額や有価証券の購入額などが含まれます。企業は将来の事業活動のために投資を行ないますので、通常マイナスのキャッシュ・フローになります。

財務活動によるキャッシュ・フローは、銀行からの借入や社債発行による資金調達やそれらの返済、株主への配当の支払額が含まれます。

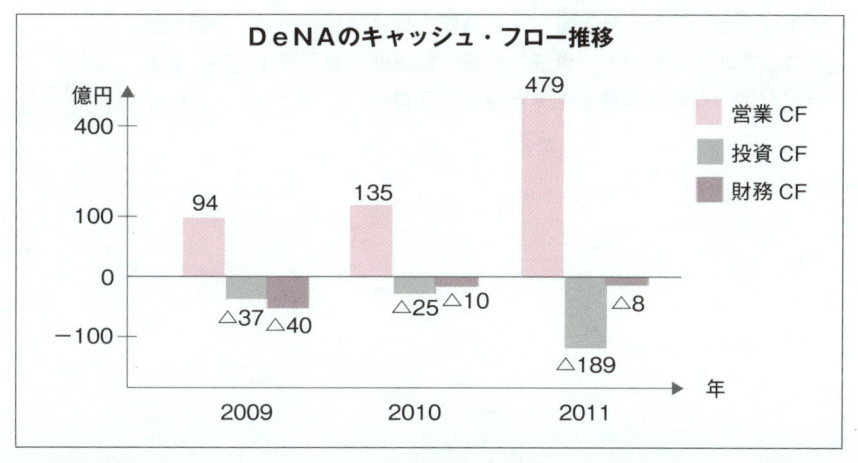

DeNAのキャッシュ・フロー推移

年	営業CF	投資CF	財務CF
2009	94	△37	△40
2010	135	△25	△10
2011	479	△189	△8

DeNAのキャッシュ・フローの推移を見ると、一貫して営業活動によって獲得したキャッシュ・フローの範囲内で投資活動を行なっていることがわかります。そして、2011年は、モバゲーのCM効果で売上が急増したことで、大幅に営業活動によるキャッシュ・フローが増加しています。この推移を見ても、無借金経営が可能になっていることが納得できます。

6 数字と実感を結び付ける

　「最近、ソーシャルゲームが流行っているな」「モバゲーやグリーなどソーシャルゲームのＣＭって多いな」と世の中の流れを何となく受け止めるのではなく、話題になっている企業のホームページを開いて、実際の売上高やその推移などの数字を確かめたり、他の企業の数字と比較したりすれば、より社会の動きを実感することができます。新聞やテレビのニュースなどで報道される数字を意識するだけでも数字に対するセンスは違ってきますが、数字で確認することを習慣づけていけば、数字やお金の感覚が身につき、また、いろいろ調べるなかでこれまでは気づかなかったことが見えてくるはずです。

関連する会計用語

売上高　当期純利益　損益計算書　会計期間　受取利息　収益
連結財務諸表　包括利益計算書　貸借対照表　株主資本等変動計算書
キャッシュ・フロー計算書　ＩＲ情報　有価証券報告書　決算短信
アニュアル・レポート　資産　負債　純資産　自己資本比率　資本
自己資本　有利子負債　キャッシュ・フロー

会計用語集

「関連する会計用語」として、各項目の末尾にまとめた用語を、それぞれ関係する分野で整理すると、次のようになります。

会計用語	分　　野			参照テーマ
ＩＲ情報	財			⑱
ＩＴ化	財		営	① ⑭
PDCAサイクル		管		⑦
SPA		管	営	⑦
アニュアル・レポート	財			⑱
インフレ			営	⑭
カード債務	財			⑫
キャッシュ	財			⑪
キャッシュ・フロー	財			① ⑧ ⑪ ⑭ ⑱
キャッシュ・フロー計算書	財			⑱
デフレ			営	⑭
トレードオフ			営	⑭
ビジネスモデル			営	⑰
ブランド	財		営	③ ⑰
ブランド企業	財		営	③
ブランド名	財		営	③
リース	財			⑧
リスク	財	管		② ⑮
リスクマネジメント		管		⑦
リターン			営	⑮
あ				
赤字	財			⑪
按分		管		⑥
意思決定		管	営	⑧
受取利息	財			⑱
売上	財			② ⑤ ⑰
売上原価	財			⑰
売上総利益	財			⑰
売上高	財			⑦ ⑬ ⑱

会計用語	分　　野	参照テーマ
売掛金	財	⑮
運用	財　　　　　営	❶
か		
買掛金	財	⑮
会計	財	❶ ⑬
会計監査人	監	⑯
会計期間	財	⑱
回収	財　管	❶
確定申告	税	❾
貸倒れ	財	⑮
課税所得	税	❾
株式	財	⑮
株主	財　　　　　営	❶ ⑮
株主資本等変動計算書	財	⑱
借入金	財	❶
為替換算	財	❹
為替レート	財	❹
監査	監	⑯
監査法人	監	⑯
間接費	管	⑪
管理会計	管	❷ ❻
機会損失	管	❽ ⑭
期日	財	⑪
規模の経済	営	⑭ ⑰
金利	財　　　　　営	⑭
黒字	財	⑪
経営資源	営	⑭
計算期間	財	❾
計算書類	財	⑬
継続企業の前提	財　　監	❼
経費	財	❼
契約	財　　　　　営	⑮
決済	財　管	⑫
決算短信	財	⑱
原価	財　管	❷ ❺ ⑬

会計用語	分野	参照テーマ
限界利益	管	❹
限界利益率	管	❼
原価計算	管	❻
減価償却費	財	❽
原価率	管	❷ ❺ ❼
現金	財	❶
現在価値	財 管	⓮ ⓯
源泉徴収	税	❾
貢献利益（限界利益）	管	❹
広告宣伝費	財	❸
公認会計士	監	⓰
効用	営	❽
小売	営	❿
国債	財	⓯
国際化	財 営	❶
固定費	財 管	❷ ❸ ❹ ❺ ❼ ❿
さ		
債権者	財 管	❶
在庫	財	⓱
債務	財	⓭
債務管理	財 管	⓬
債務者	財 管	❶
財務諸表	財	⓭
材料費	管	❼
差額原価	管	❼
残高管理	管 営	⓬
仕入	財	❸
仕入高	財	❼
時間的価値	管	⓮
時給	管 営	❾
資金繰り	営	⓫ ⓬ ⓯
資金ショート	財 営	⓫
自己資本	財 管	⓲
自己資本比率	管	⓲
資産	財	⓲

巻末付録

会計用語集

会計用語	分　　野	参照テーマ
支出	財	⑪
支払利息	財	① ⑭
資本	財　　　　　営	⑱
収益	財	⑤ ⑱
収益－費用＝利益	財	①
収支	財　　　　　営	⑪
収入	財	⑨ ⑪
純資産	財	⑱
償還日	財	⑮
所得税	税	⑨
情報の非対称性	監　　営	⑬
将来価値	財　管	⑮
職務分掌	監	⑯
信用	財　　　　　営	⑯
信用取引	財　　　　　営	⑪ ⑫
信用リスク	財　管	⑪
人件費	財	② ⑩
人件費率	財　管	②
設備費	財　管	⑩
選択	営	⑧
宣伝効果	営	③
損益計算書	財	⑰ ⑱
損益分岐点	管　　　営	④ ⑦
損失	財	⑤ ⑪
た		
貸借対照表	財	⑱
大量仕入	財　　　　　営	⑩
単一基準配賦法	管	⑥
単価	財　管　　　営	③
短期的視点	管　　　営	⑧
単利計算	財	⑮
長期的視点	管　　　営	⑧
調達	財　　　　　営	① ⑮
賃金	財	⑨
当期純利益	財	⑱

会計用語	分　　野	参照テーマ
投資	財　管　　　営	❶ ⑮
問屋	営	⑩
な		
内部統制	監	⑯
認識	財	⑫
値引	財	⑫ ⑬
年末調整	税	❾
は		
廃棄損	財	❷
配当金	財	❼
配賦	管	❻
発送費	財	❺
判断	監　営	❻
販売促進費	財	⑬
販売費及び一般管理費	財	⑰
費用	財	❺
費用収益対応	財	❺
費用配分	財	❽
品質管理	管　監	⑰
不確実性	監　営	❽
付加利益率	管	❷ ❼
複利計算	財　　　営	⑭ ⑮
負債	財	⑬ ⑱
負担能力主義	管	❻
部門別原価計算	管	❻
複数基準配賦法	管	❻
物流	管　営	⑰
物流費	管　営	❺
粉飾	財　　監	⑬ ⑯
変動費	財　管	❷ ❹ ❺ ❼
返品	財	❸
包括利益計算書	財	⑱
保証	監　営	⑯
ま		
埋没原価	管	❼

会計用語集　193

巻末付録

会計用語	分野	参照テーマ
前受け	財	⑭
前払い	財	⑭
未決済残高	財 管	⑫
見積り	財　　　　営	⑬
や		
有価証券	財	①
有価証券売却益	財	①
有価証券報告書	財　　　　営	⑱
有利子負債	財　　　　営	⑱
預金口座	財　　　　営	⑫
預金残高	財　　　　営	⑫
予算	管	⑦
与信管理	管	⑪
与信限度額	管	⑮
ら		
利益	財 管 監 営	② ⑤ ⑪ ⑬ ⑰
利益計画	財 管 監 営	⑦
利益率	財 管	⑤ ⑦
利害関係者	財　　監 営	①
連結財務諸表	財	⑱
労務費	管	⑦
わ		
割引	財	⑫

∷ 分野について

　各分野の概略について示してみると、次のようになります。

財：財務会計

財務会計とは、企業活動の結果を報告書類にまとめ、企業の一定期間の経営成績や一時点の財政状態などを伝達するしくみです。視点を変えてみると、企業において集めてきたお金を運用した結果どれだけの利益をあげたのかを報告しています。領域としては、簿記・財務諸表論・会計学などに区分されます。

管：管理会計

管理会計とは、企業経営者に対して企業の継続・繁栄に有用な情報を提供する企業内部のしくみです。企業の経営管理に有用かつ必要な会計情報を経営者と管理者に対して提供しています。領域としては、原価計算・工業簿記と管理会計論などに区分されます。

監：監査

監査とは、企業活動等による何らかの結果があり、その信頼性を確認できる確立した基準に照らして、結果と基準の合致の度合いを確かめ、関係者に伝達するしくみです。自治体・学校などお金や物財が関係するさまざまなところで、また人や企業の活動による結果が利害対立を生むようなところで行われます。領域としては会計監査・業務監査などに区分されます。

税：税務

国民の義務である納税について、税金として国や地方自治体に納める金額の計算を主に取り扱っています。納税金額の計算については会計と密接な関係を持っています。領域としては、法人税、所得税、消費税などがあります。

営：経営

経営には、企業や個人事業の、戦略・計画・組織などの経営管理と、投資決定・資金の調達と運用・企業価値評価などの財務管理が含まれます。また本書では、経済の分野についても含めています。

　なお、上記の区分は、読者の理解の参考にするためのものであり、厳密なものでなく、一項目一分野に限定するものでもありませんのでご留意ください。

20歳のための会計ブックガイド

1限目　儲けについて考えよう

○稲盛和夫の実学　　　　　　　　　　　（稲盛和夫・日経ビジネス人文庫）
○「儲かる仕組み」をつくりなさい　　　（小山昇著・ソフトバンク文庫）
○トップ営業のお客様から「教わる力」
　　　　　　　　　　　　　　　　　　　（小山聡章著・ＰＨＰビジネス新書）
○数字のカラクリを見抜け！　学校では教わらなかったデータ分析術
　　　　　　　　　　　　　　　　　　　（吉本佳生著・ＰＨＰビジネス新書）
○高校生にもわかる「お金」の話　　　　（内藤忍著・ちくま新書）
○お客に言えない「原価」と「儲け」のカラクリ
　　　　　　　　　　　　　　　　　　　（マル秘情報取材班編・青春文庫）
○お客に言えない「買わせる」仕掛け！
　　　　　　　　　　　　　　　　　　　（マル秘情報取材班編・青春文庫）

2限目　損して得とる!?　お金のまわりかた

○潜入ルポ　アマゾン・ドット・コム　　（横田増生・朝日文庫）
○アマゾンの秘密　　　　　　　　　　　（松本晃一・ダイヤモンド社）
○フリー〈無料〉からお金を生みだす新戦略
　　　　　（クリス・アンダーソン著／高橋則明訳・日本放送出版協会）
○勉強会に１万円払うなら、上司と３回飲みなさい
　　　　　　　　　　　　　　　　　　　（前川孝雄著・光文社新書）
○「いい会社」とは何か　　（小野泉／古野庸一著・講談社現代新書）
○「強い会社」をつくりなさい　　　　　（小山昇著・ソフトバンク文庫）
○１円家電のカラクリ　０円ｉＰｈｏｎｅの正体　デフレ社会究極の
　サバイバル　　　　　　　　　　　　　（坂口孝則著・幻冬舎新書）
○無料ビジネスの時代　消費不況に立ち向かう価格戦略
　　　　　　　　　　　　　　　　　　　（吉本佳生著・ちくま新書）

○ゼロ円ビジネスの罠　　　　　　　　（門倉貴史著・光文社新書）
○その仕事、利益に結びついてますか？　できる社員・店員・経営者の「会計心得」　　　　　　　　　（金児昭著・日経ビジネス人文庫）

3限目　決めるのは経営者だけではありません

○節税が分かれば、会社は簡単に潰れない（出口秀樹著・光文社新書）
○シェア〈共有〉からビジネスを生みだす新戦略
　（レイチェル・ボッツマン／ルー・ロジャース著／関美和訳・日本放送出版協会）
○知らないとヤバい！「領収書・経費精算」の常識（梅田泰宏著・ＰＨＰ文庫）
○衝動買いさせる技術　　　　　　（松本朋子著・Forest2545Shinsyo）

4限目　あらためてお金について考えよう

○騙されない会計　企業の数字のウラを読む方法
　　　　　　　　　　　　　　　　　　　　（林總・PHPビジネス新書）
○成功するポイントサービス　１万人の生活者から見る今あなたの会社がすべきこと　　　　　　　　　　（岡田祐子著・ＷＡＶＥ出版）
○ＭＢＡ経理部長・団達也の企業再生ファイル　ストーリーでわかる管理会計　　　　　　　　　　　　（林總著・日経ビジネス人文庫）
○買い物客はそのキーワードで手を伸ばす　深層心理で消費者インサイトを見抜く「価値創造型プロモーション」
　　　　　　　　　　　　　　　　（上田隆穂他編著・ダイヤモンド社）

5限目　今日の100円と明日の100円

○お金に困らない人生設計　住宅・教育・介護
　　　　　　　　　　　　　　　　　　　　　（神谷巻尾編著・朝日新書）
○山手線と東海道新幹線では、どちらが儲かっているのか？
　ＪＲ６社の鉄道ビジネスのカラクリ　　　　（中嶋茂夫著・洋泉社）

○社長になる人のためのマネジメント会計の本
（岩田康成著・日経ビジネス人文庫）
○２０代からのファイナンス入門　お金がお金を生む仕組み
（永野良佑著・ちくま新書）
○ビジネス・ゼミナール経営財務入門
（井手正介／高橋文郎著・日本経済新聞出版社）

6限目　儲けやお金のしくみを応用すると

○決算書はここだけ読め！　　　　　（前川修満著・講談社現代新書）
○利益は「率」より「額」をとれ！１％より１円を重視する逆転の発想
（坂口孝則著・ダイヤモンド社）
○決算書でよむ企業と業界力　　　　　（國貞克則著・ベスト新書）
○財務諸表を読む技術わかる技術　　　（小宮一慶著・朝日新書）
○バランスシートで考えれば、世界のしくみが分かる
（高橋洋一著・光文社新書）
○ＭＢＡ経理課長・団達也の不正調査ファイル　ストーリーでわかる
　管理会計　　　　　　　　　　　　（林總著・日経ビジネス人文庫）
○会社役員・財務経理担当者のための監査入門
　　　（古田清和／中西倭夫／村田智之／坂戸英樹著・同文舘出版）
○ユニクロ帝国の光と影　　　　　　　（横田増生著・文藝春秋）
○ほんの少しの知識で決算書を「使いこなす」技術
（中村亨著・ＰＨＰ文庫）
○統計数字を疑う　なぜ実感とズレるのか？
（門倉貴史著・光文社新書）
○統計・確率思考で世の中のカラクリが分かる
（高橋洋一著・光文社新書）

20歳のための会計資格ガイド

本書 ┈┈▶ まずは基礎がため
日商簿記検定3級・2級
全経・全商

↙ ↘

ビジネスマンにオススメ
会計数値を読むプロになる
- 企業 ・ビジネス会計検定®

高い会計知識を持った
プロフェッショナルになる
- 独立 ・公認会計士
- ・税理士

会計を含めたコンサルティングのプロになる
- 独立 ・中小企業診断士
- ・FP

経理のプロになる
- 企業 ・日商簿記検定1級
- ・FASS
- ・電子会計実務検定

会計をベースとした金融の
スペシャリストになる
- 企業 ・証券アナリスト
- ・証券外務員

財務のプロになる
- 企業 ・財務報告実務検定
- ・IPO実務検定
- ・CIA

建設業界で必要とされる
会計のプロになる
- 企業 ・建設業経理士

語学力を活かして
会計知識の幅を広げる
- 企業 ・BATIC®
- 独立 ・米国公認会計士

巻末付録

20歳のための会計資格ガイド　199

●簿記検定（日商、全経、全商）

簿記は、業界・業種を問わず幅広く活かせる知識です。いわば、業界不問のオールマイティーな会計知識です。また、コスト感覚も磨かれますのでビジネスパーソンは必ず身につけておきたい知識でもあります。

●公認会計士

「会計」のない会社は存在しません。その「会計」に携わる資格のなかで、最高峰の資格が「公認会計士」です。公認会計士とは、会計の専門家であり、その業務としては独占業務である「財務諸表監査」をはじめ、専門知識を駆使して財務・経理・コンサルティングなど、さまざまな分野で活躍することができます。

●税理士

税務のプロフェッショナル・税理士には、税務書類の作成、税務代理、税務相談という税に関する3つの独占業務があります。しかし、近年、税理士の業務はそれにとどまらず、会計業務や経営コンサルティング、相続事業承継など、中小企業のよろず相談窓口のようになっており、その活躍の幅はますます広がっています。

●ビジネス会計検定®

ビジネス会計検定®とは、財務諸表に関する知識や分析力を問うもので、財務諸表が表す数値を理解し、ビジネスに役立てていくための試験です。新しい取引先や投資案件を評価する、自社の決算内容を理解する、株式投資をする新聞記事を理解するなど、会計の知識が求められるのは経理部門の人に限りません。ビジネス会計検定®を通じて、実社会で役立つ会計の知識を習得することができます。

●ＢＡＴＩＣ（国際会計検定)®

BATIC®とは、日本と外国の両方の会計ルールに精通し国際ビジネ

スのかけ橋になれる人材を育成するべく、年2回実施されている検定試験です。多くの企業が海外の資本や企業とかかわりを持つようになった現代社会において、ビジネスの共通言語ともいえる会計知識については、日本の簿記に加え、国際会計の知識が求められる場面が多くなってきました。多くの企業の経理部門では「日商簿記検定2級」レベルの知識が求められていますが、これに加えて国際会計スキルを客観的に証明できる「BATIC®」の資格取得を推奨する企業が増加しています。

●米国公認会計士

　U.S.CPA（U.S. Certified Public Accountant, 米国公認会計士）とは、文字どおり、米国の公認会計士資格です。会計はもちろん、法務、税務、経済、IT、ファイナンス、内部統制など実務に活かせるレベルの専門知識を体系的に、そして「英語」で習得できるのが大きな強みです。監査以外の会計士業務であるM＆A（合併・買収）、リストラクチャリング（事業の再構築）、IPO（新規株式公開）、内部統制関連業務など、U.S.CPAが活躍できるフィールドは劇的に広がっています。

●財務報告実務検定

　企業の財務報告担当者の業務は無限大です。四半期ごとにやってくる決算作業をこなしながら、内部統制に対応しつつ、新会計基準への理解を深め、決算書に反映される簿記的な側面をフォローしつつ、財務報告書類全体のみならず、金融商品取引法・会社法・証券取引所の適時開示といった異なる財務報告制度にまたがる理解を深めなければなりません。このような業務をこなす財務報告実務担当者が短い時間で、必要なスキル・能力を習得するために、財務報告実務検定はうってつけの資格といえるでしょう。

●IPO実務検定

　IPO実務検定は、上場準備（Initial Public Offering）を担当する実

務者の育成や実務能力の認定を目的としています。IPO実務においてクリアしなければならない課題は、「ディスクロージャー対応・IR」「コーポレート・ガバナンス、内部統制への対応」「資本政策」「経営計画・予算統制」など多岐にわたります。IPO実務検定は、上場準備室長（上級レベル）または上場準備室スタッフ（標準レベル）として活躍しようとする方にとっては必須の資格といえるでしょう。

●CIA（公認内部監査人）

内部統制・内部監査に関するスペシャリストを称する国際資格であるCIA試験は現在、世界約160の国と地域で実施されており、急速に広がりを見せているグローバルな資格です。合格者の平均学習時間は約300時間〜400時間（講義時間含む）となっており、短期で合格を狙える試験です。また、国際資格にもかかわらず、日本国内で、日本語で受験でき、受験日を自分で選択できるため、忙しい方にもオススメです。

●FASS

FASSは、経理・財務の実務の理解度を問う試験で、実務に連携する標準化された経理・財務スキルの能力を測定します。資産・決算・税務・資金の4分野から出題されます。初学者の方には新たな知識の習得を、経理・財務経験者の方には知識の整理として最適な試験です。検定期間内であればいつでも都合のよい日時に受験が可能となっており、試験結果は合否ではなく総合得点から5段階のレベルでスキル評価を表示します。

●電子会計実務検定

本格的なネット社会を迎え、会計実務においても、パソコンソフト等の活用による電子会計が、急速に普及しています。しかし、単に会計ソフトを導入し、経理・会計事務の省力化、効率化を図るだけではなく、簿記の理論・知識をもとに、そこから得られる会計情報をいか

に分析・活用し、経営に役立てることができるかが重要であり、これを実践できる人材の育成が急務となっています。その他、「e-Tax」による電子申告・電子納税や、「e文書法」による帳簿・証憑書類の電子保存など、ネット社会に対応した会計実務の知識やスキルを修得した電子会計実務検定合格者への企業の要請は高まっています。

●建設業経理士

建設業経理士は、総合建設会社（ゼネコン）をはじめとした建設業界において、簿記会計知識の普及と会計処理能力の向上を図ることを目的として、国土交通大臣より認定された資格です。活躍の場は経理部門にとどまらず、今後はコスト管理の観点から各セクションへと広がっていくことが予想されるため、建設業界への就職・転職を考えている方は、取得しておくと断然有利になります。

●証券アナリスト

証券アナリストは、資産運用や企業財務などの分野において、高度の専門知識と分析技術を応用し、企業価値評価および分析や投資意思決定に参画し、投資助言や管理サービスを提供するプロフェッション（知的専門職業）です。金融市場における昨今の急激な変化に伴い、証券アナリスト試験で問われる専門知識（ファイナンス）は、証券会社、銀行・信託銀行、生・損保、投資信託、政府系金融といった金融機関はもとより、商社や一般企業（財務・広報IR部門など）においても、多岐に求められています。

●証券外務員

証券外務員資格は、証券会社や金融機関で株式・債券などの有価証券を売買したり、顧客の勧誘を行ったりする仕事に就く方に必要な資格です。証券外務員資格にはいくつかの種類がありますが、「二種外務員資格」は、株式、国債、公社債、投資信託等の現物のみを扱うことができる資格です。金融機関への就職・転職へのパスポートとして、

ファイナンスライセンスのスタートラインに有効な資格として活用できます。

●中小企業診断士

中小企業診断士は、経営コンサルタントの国家資格です。学習内容は、経営戦略、組織・人事、マーケティング、財務・会計、製造管理、店舗運営、物流、経済学、IT、法務等と幅広く、ビジネスに関する幅広い知識やスキルを体系的に身につけることができます。中小企業診断士について学習することにより得られる知識やスキルは、あらゆる業種・職種で役立ちます。キャリアアップを目指す、就職・転職をする、独立開業をするなど、未来のキャリアプランを自由自在に描くことができ、将来の選択肢は無限に広がります。

●FP（ファイナンシャル・プランナー）

ファイナンシャル・プランナーは、顧客の家族構成、収入と支出（収支）、資産と負債（資産状況）などのデータをもとに、顧客のライフプラン上の目的を達成するために、総合的に生活設計のプランニングを行い、その実行を援助します。また必要に応じて税理士、弁護士、不動産の専門家などの協力を得ながら、顧客の立場に立って顧客の希望、目標を達成する専門家です。最近では自分自身や家族の家計管理のために学習する方も増えています。

∷ 会計の学習ガイド

これまで紹介したような、会計資格を学習するには、2通りの方法があります。一つは専門予備校に通うこと、そしてもう一つは会計専門職大学院へ進学することです。専門予備校では、ダイレクトに資格の学習に専念できますし、会計専門職大学院では、資格だけに捉われることなく、体系的かつ実践的な会計教育を受けることができます。

〈専門予備校〉
◎資格の学校 TAC（タック）など
　http://www.tac-school.co.jp/

〈会計専門職大学院〉
◎甲南大学（大学院ビジネス研究科会計専攻）など
　http://www.accounting-konan.jp/

その他については、会計大学院協会ホームページでご確認ください。
http://jagspa.jp/

∷ ビジネスアカウンティング研究会

ビジネスアカウンティング研究会とは、関西にゆかりのある、公認会計士等が、所属や世代を超え、ビジネスや会計実務の研鑽を行っている勉強会である。メンバーは約30名で、本書はこのうちの有志が執筆を行っている。

◆執筆者紹介
●編集・執筆
　古田清和　　甲南大学会計大学院教授・公認会計士・税理士
　島村浩之　　公認会計士
●執筆
　中西倭夫　　公認会計士
　村田智之　　公認会計士・税理士
　中安富紀子　公認会計士・税理士
　田邊宏嗣　　公認会計士
　伊庭壮太郎　日本公認会計士協会準会員
　大岡雅人　　日本公認会計士協会準会員
　小川佳子　　日本公認会計士協会準会員
　加藤　毅　　日本公認会計士協会準会員
　北川直樹　　日本公認会計士協会準会員
　喜多弘美　　日本公認会計士協会準会員
　岸　千晶　　日本公認会計士協会準会員
　小山佳恵　　日本公認会計士協会準会員
　笹生　憲　　日本公認会計士協会準会員
　瀧　務　　　日本公認会計士協会準会員
　谷田健一　　日本公認会計士協会準会員
　森本泰輔　　日本公認会計士協会準会員

20歳になったら知っておきたい会計のはなし

2012年4月10日　初　版　第1刷発行

編 著 者	古　田　清　和	
	ビジネスアカウンティング研究会	
発 行 者	斎　藤　博　明	
発 行 所	ＴＡＣ株式会社　出版事業部	
	（ＴＡＣ出版）	

〒101-8383　東京都千代田区三崎町3-2-18
西村ビル
電話　03 (5276) 9492（営業）
FAX　03 (5276) 9674
http://www.tac-school.co.jp

印　刷	株式会社　光　邦☆
製　本	東京美術紙工協業組合

© Kiyokazu Furuta 2012　　　Printed in Japan　　　ISBN 978-4-8132-4662-6
a study group working on Business Accounting　　落丁・乱丁本はお取り替えいたします。

本書は、「著作権法」によって、著作権等の権利が保護されている著作物です。本書の全部または一部につき、無断で転載、複写されると、著作権等の権利侵害となります。上記のような使い方をされる場合には、あらかじめ小社宛許諾を求めてください。

視覚障害その他の理由で活字のままでこの本を利用できない人のために、営利を目的とする場合を除き「録音図書」「点字図書」「拡大写本」等の製作をすることを認めます。その際は著作権者、または出版社までご連絡ください。

EYE LOVE EYE

TAC出版 書籍のご案内

TAC出版では、資格の学校TAC各講座の定評ある執筆陣による資格試験の参考書をはじめ、
資格取得者の開業法や仕事術、実務書、ビジネス書、一般書などを発行しています!

TAC出版の書籍

資格試験の参考書

- 日商簿記
- 建設業経理検定
- 全経上級
- 公認会計士
- 税理士
- 中小企業診断士
- 不動産鑑定士
- 宅地建物取引主任者
- マンション管理士
- 管理業務主任者
- 証券アナリスト
- FP技能士
- 社会保険労務士
- 行政書士
- 公務員 地方上級・国家一般職(大卒程度)
- 公務員 地方初級・国家一般職(高卒程度)
- 情報処理技術者(高度試験)
- Microsoft Office Specialist
- CompTIA

ほか

実務書、ビジネス書、一般書

- 資格取得者の開業法、仕事術、営業術
- 会計実務、税法、税務、経理、総務、労務、人事
- ビジネススキル、マナー、就職、自己啓発、エッセイ

ほか

刊行予定、新刊情報などのご案内は

TEL 03-5276-9492 [土・日・祝を除く 9:30〜17:30]

講座お問合わせ・パンフレットのご請求は

資格の学校TAC・Wセミナー (※WセミナーはTACのブランドです)

0120-509-117 (ゴウカク イイナ) [月〜金9:30〜19:00 土日祝9:30〜18:00]

携帯・PHS OK ※携帯・自動車電話・PHSからもご利用になれます。

本書へのご意見・ご感想は

Cyber Book Store内の「お問合わせ」よりお寄せください。

http://
bookstore.tac-school.co.jp/

[トップページにございます「お問合わせ」よりご送信いただけます]

TAC出版

書籍のご購入は

1 全国の書店、大学生協、ネット書店で

2 TAC各校書籍コーナーで

TAC校舎一覧

札幌校 ☎011(242)4477(代)	立川校 ☎042(528)8898(代)	京都校 ☎075(351)1122(代)
仙台校 ☎022(266)7222(代)	中大駅前校 ☎042(678)7210(代)	梅田校 ☎06(6371)5781(代)
水道橋校 ☎03(3233)1400(代)	町田校 ☎042(721)2202(代)	なんば校 ☎06(6211)1422(代)
新宿校 ☎03(5322)1040(代)	横浜校 ☎045(451)6420(代)	神戸校 ☎078(241)4895(代)
早稲田校 ☎03(5287)4940(代)	日吉校 ☎045(560)6166(代)	広島校 ☎082(224)3355(代)
池袋校 ☎03(5992)2850(代)	大宮校 ☎048(644)0676(代)	福岡校 ☎092(724)6161(代)
渋谷校 ☎03(3462)0901(代)	津田沼校 ☎047(470)1831(代)	
八重洲校 ☎03(3218)5525(代)	名古屋校 ☎052(586)3191(代)	

提携校

- 盛岡校 ☎019(606)1117(代)
- 宇都宮校 (国際情報ビジネス専門学校内) ☎028(600)4855(代)
- 群馬校 ☎027(253)5583(代)
- 松本校 (松本国際工科専門学校内) ☎0263(50)9511(代)
- 富山校 (富山情報ビジネス専門学校内) ☎0766(55)5513(代)
- 金沢校 (エルアンドエルシステム北陸) ☎076(245)7605(代)
- 姫路校 (穴吹カレッジサービス) ☎079(281)0500(代)
- 岡山校 (穴吹カレッジサービス) ☎086(236)0225(代)
- 福山校 (穴吹カレッジキャリアアップスクール) ☎084(991)0250(代)
- 高松校 (穴吹カレッジキャリアアップスクール) ☎087(822)3313(代)
- 徳島校 (穴吹カレッジキャリアアップスクール) ☎088(653)3588(代)
- 小倉校 ☎093(953)7516(代)
- 熊本校 (税理士法人 東京会計グループ) ☎096(323)3622(代)
- 宮崎校 (宮崎ビジネス公務員専門学校内) ☎0985(22)6881(代)
- 鹿児島校 (鹿児島情報ビジネス専門学校内) ☎099(239)9523(代)
- 沖縄校
  - ●那覇校舎 ☎098(864)2670(代)
  - ●中部校舎 ☎098(930)2074

3 TAC出版書籍販売サイト Cyber Book Store で

http://bookstore.tac-school.co.jp/

- TAC書籍のラインナップを全て掲載
- 「ちょっと見!」(体験コーナー)で、書籍の内容をチェック
- 会員登録をすれば特典満載!
  - 登録費や年間費など一切不要
  - 会員限定のキャンペーンあり
  - 2,000円以上購入の場合、送料サービス
- 刊行予定や法改正レジュメなど役立つ情報を発信

4 お電話で

TAC出版注文専用ダイヤル
0120-67-9625
土・日・祝を除く 9:30〜17:30
携帯・PHS OK
※携帯・自動車電話・PHSからもご利用になれます。

TACホームページ URL http://www.tac-school.co.jp/

(平成23年6月現在)

「格安航空会社」の企業経営テクニック
～「超低コスト化」と「多数顧客の確保」の方法論

今、メディアで話題の格安航空会社(LCC)がいちばんよくわかる本です。「薄利多売」ではなく高利益率を達成しているLCCの経営ノウハウのヒミツを解き明かすとともに、他業種での活用法も解説します。

職場の弱者につけ込む意地悪な命令・要求を賢く断る生き残り話術55の鉄則

上司、先輩、取引先にお困りの、職場で立場の弱い方、必見!強気の相手に屈服させられたり、責任を押し付けられたり…そんな口惜しい場面で、「反撃、逆恨みされないように賢く断る」会話術を紹介します。

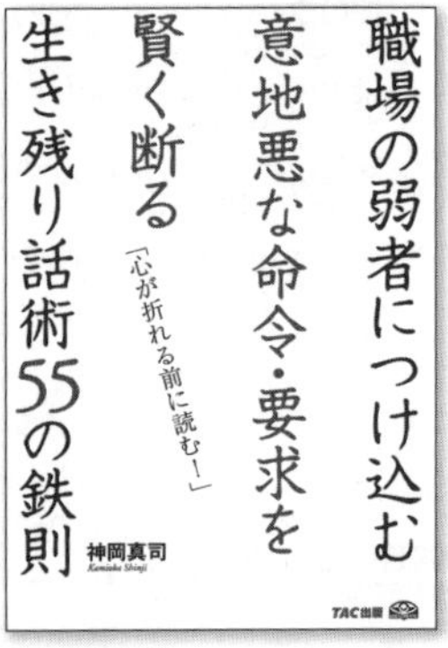

47テーマで学ぶ家計の教科書
節約とお金のキホン!

節約アドバイザー・矢野きくのと実践型ファイナンシャルプランナー・北野琴奈が、お金とのホントの付き合い方を教えます!家計に関する知識でいちばん大切な節約とお金の基礎を、しっかりと学ぶことができます。

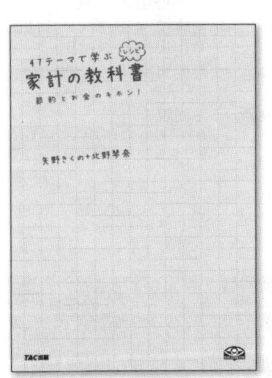

矢野きくの、北野琴奈・著
定価1,050円(税込)

神岡真司・著
定価1,260円(税込)

航空経営研究所
赤井奉久、田島由紀子・著
定価1,260円(税込)

TAC出版

ご購入は、全国書店、大学生協、TAC各校書籍コーナー、TACの販売サイト「サイバーブックストア」(http://bookstore.tac-school.co.jp/)、TAC出版注文専用ダイヤル ☎0120-67-9625 平日9:30～17:30)まで

価格は税込です。

ご問合せ、ご意見・ご感想は下記まで
郵送:〒101-8383 東京都千代田区三崎町3-2-18
　　　TAC株式会社出版事業部
FAX:03-5276-9674
インターネット:左記「サイバーブックストア」